CONTRIBUTION

À

L'ÉTUDE DE LA FORMULE ARBITRAIRE

PAR

C. STOÏCESCO

BERLIN

HORN & RAASCH, imprimeurs-éditeurs

C. 19. Grünstrasse, 8.

1905.

CONTRIBUTION

À

L'ÉTUDE DE LA FORMULE ARBITRAIRE

CONTRIBUTION

À

L'ÉTUDE DE LA FORMULE ARBITRAIRE

PAR

C. STOÏCESCO

BERLIN

HORN & RAASCH, imprimeurs-éditeurs

C. 19. Grünstrasse, 8.

1905.

CONTRIBUTION À L'ÉTUDE DE LA FORMULE ARBITRAIRE.

L'attention toute particulière accordée à la procédure et spécialement aux actions, par les romanistes de ces vingt dernières années ne s'est point étendue à l'étude des actions arbitraires. Un hasard des plus inexplicables a voulu que les investigations ne se dirigeassent pas de ce côté, malgré l'intérêt que présente à de fort nombreux points de vue l'examen de cette catégorie d'actions. En dehors du bref chapitre de rigueur des ouvrages généraux de procédure,[1] on ne trouve que bien peu de monographies qui aient traité notre sujet. Seuls, les travaux de M. Lenel sur la reconstitution de l'édit

---

[1] V. Bethmann-Hollweg, *Der römische Zivilprozeß, t. II (Formulæ,* 1865) pp. 287—293. O. Karlowa, *Der römische Zivilprozeß zur Zeit der Legisactionen* (1872), p. 133. E. J. Bekker, *Die Actionen des römischen Privatrechts,* t. II. (1873), pp. 140—142. Keller, *Der römische Zivilprozeß und die Actionen* (6e. éd. d'Adolphe Wach, 1883), principalement pp. 135—139. Les traités de droit romain, cours d'Instituts ou de Pandectes, consacrent presque tous quelques lignes à la formule arbitraire, mais il serait fastidieux de les citer, surtout à cause du peu de renseignements qu'on y trouve. Nous n'en excepterons que Savigny, *System des heutigen römischen Rechts* t. V. (1841), §§ 221—223; Brinz, *Lehrbuch der Pandekten* (2e. éd., 1887), t. I, § 87. P. F. Girard, *Manuel de Droit romain* (1897), pp. 986—988, où la matière est, comme toujours, admirablement résumée. Ed. Cuq *Les Institution juridiques des Romains,* t. II (1902), pp. 740—741.

fournissent à cet égard, comme à tant d'autres, des indications qui facilitent singulièrement les recherches.[1]

Au reste, si certaines questions incidentes, notamment la controverse sur la liste des actions arbitraires ou la discussion relative à l'action *de eo quod certo loco*, ont tenté quelques trop rares auteurs — et nous avons amplement mis à profit leurs observations — nul système d'ensemble, nulle analyse générale n'ont eté entrepris, à notre connaissance, depuis l'essai de T. Gimmerthal,[2] qui date de 1874, époque où l'on tenait en honneur bon nombre de théories reconnues inexactes aujourd'hui. Aussi n'avons nous pas le prétention de combler cette lacune. Il nous suffit de la signaler. Nous examinerons simplement dans les lignes qui vont suivre le mécanisme de la *formula arbitraria*, son origine et ses caractères.

§ 1.

Origine.

Gaius nous apprend, au § 163 de son Commentaire IV, qu'une formule dite *arbitraria*, était parfois accordée au défendeur pour lui permettre d'éviter la condamnation, s'il consentait à exhiber ou à restituer la chose litigieuse: *Namque si arbitrum postulaverit is cum quo agitur, accipit formulam quæ appellatur arbitraria, et judicis arbitrio si*

---

[1] Otto Lenel, *Essai de reconstitution de l'Edit perpétuel*, traduit par M. F. Peltier, 2 vol. (1901—1903). V. surtout t. I, pp. 130—132, 198—212, 216—217, 277—285; t II, pp. 78—79, 105—108, 136, 305—315. V. aussi Rudorff, *De jurisdictione edictum* (1869).

[2] T. Gimmerthal, *Das Eigenthum im Conflikte mit den übrigen Gebilden des Sachenrechts und die Actiones Arbitrariæ insbesondere* (1874); une 2e. éd. date de 1875. Il convient de mentionner également la thèse intéressante, quoiqu'un peu concise, de M. Salanson, *Des actions arbitraires en droit romain; des conflits d'attribution en droit français* (Paris, 1883), ainsi que *Die sogenannte actio de eo quod certo loco* (1877) de M. Cohn qui aborde parfois des problèmes d'un caractère plus général que ne le ferait supposer le titre.

quid restitui vel exhiberi debeat, id . . . . . exhibet aut restituit, et ita absolvitur; quodsi nec restituat neque exhibeat, quanti ea res est condemnatur. Paul (livre 11 *ad Edictum*) nous enseigne la même chose en termes plus généraux: *Arbitrio judicis in hac quoque actione restitutio comprehenditur: et nisi fiat restitutio, sequitur condemnatio quanti ea res est.*[1] Nous possédons enfin un troisième fragment, un paragraphe des Institutes de Justinien, qui insiste davantage sur le genre de prestation que devait effectuer le défendeur afin de se soustraire à la condamnation, en ajoutant à l'exhibition et à la restitution, citées par Gaius, le paiement et l'abandon noxal de l'esclave: *Præterea quasdam actiones arbitrarias, id est arbitrio judicis pendentes, appellamus, in quibus nisi arbitrio judicis is cum quo agitur actori satisfaciat, veluti rem restituat vel exhibeat vel solvat vel ex noxali causa servum dedat, condemnari debeat.*[2]

Toutes ces définitions pêchent par leur caractère unilatéral: Gaius, en donnant la sienne, avait en vue les interdits, Paul la *litis æstimatio* au cas de dol, et les Institutes les seules *actiones.*[3] Mais rien ne s'oppose à ce qu'on élargisse la notion qui s'y trouve contenue en germe. Nous dirons donc, provisoirement, qu'une formule se nommait *arbitraria* lorsqu'en la délivrant, le magistrat enjoignait au juge d'absoudre le défendeur non seulement si l'*intentio* n'était pas justifiée, ce qui était tout naturel, mais encore, et malgré que la prétention du demandeur fût fondée, si le *reus* acceptait d'exécuter un fait arbitré selon l'espèce; le défendeur n'était, par conséquent, condamné au paiement de la valeur de la chose litigieuse *(quanti ea res erit)*, que s'il refusait la proposition du juge *(si arbitratu judicis non restituetur).*

---

[1] D. 4, 3, *de dolo malo*, 18 pr.
[2] I. 4, 6, *de action.*, 31.
[3] Gimmerthal, *op. cit.*, § 2, p. 6.

Quelle est l'origine de cette formule arbitraire? A quels besoins répondait-elle? Pour élucider ce point, il nous faut remonter assez loin dans l'histoire de la condamnation à Rome; il sera même nécessaire de rappeler ce qu'était la *condemnatio* avant l'introduction du système formulaire, c'est à dire au temps des actions de la loi.

Si l'opportunité d'une telle parenthèse ne s'aperçoit pas très bien au premier abord, puisqu'on ne peut logiquement parler de *formule* arbitraire, qu'à partir de la période formulaire, et s'il semble quelque peu bizarre de ne pas limiter à ladite époque l'étude d'une de ses créations, on doit songer, d'autre part, que la vraie physionomie d'une institution ou d'un moyen procédural n'apparaît que lorsqu'on a préalablement suivi l'enchaînement des causes qui l'ont fait naître. Dans l'espèce, la *condemnatio* est la cause et la formule arbitraire le résultat. Or, comme l'on n'est pas encore fixé, sinon sur la nature de la condamnation primitive, du moins sur la date de son apparition, il nous paraît plus prudent de ne pas séparer l'histoire de la formule arbitraire de l'histoire de la condamnation en général — et non pas seulement de la condamnation formulaire — parce que ces deux phénomènes juridiques, ainsi que nous essayerons de le démontrer plus loin, sont intimement liés l'un à l'autre et ne s'expliquent que par une étude simultanée.

On sait combien le problème de la condamnation sous le système des actions de la loi souleva de polémiques. En effet, si les compilations de Justinien tranchent nettement la difficulté pour la procédure extraordinaire (condamnation portant sur la chose[1]) et si un passage de Gaius nous permet avec tout autant de certitude de savoir ce qu'il en était sous la période

---

[1] I, 4, 6, *de act*, 32. C, 7, 4, *De fideicom. libert.*, 17.

formulaire (condamnation pécuniaire)[1]), il est assez malaisé d'affirmer quelle fut la nature de la condamnation civile sous les actions de la loi[2]). La question a été discutée à propos de la *legis actio sacramenti*, le type procédural de l'action réelle du droit romain primitif. Il est inutile d'entrer dans tous les détails de la controverse, parce que la solution que nous adopterons a rallié presque tous les suffrages; nous n'en esquisserons donc que les grandes lignes, en renvoyant pour le surplus à une excellente étude de M. Cuënot qui traite ce sujet d'une façon complète et fort savante[3]).

L'opinion qui croit à l'existence d'une condamnation portant sur la chose litigieuse a été soutenue par Stintzing, dans un ouvrage déjà ancien[4]). Elle se fonde principalement sur le caractère réel du *sacramentum in rem*. Dans le rituel de cette action de la loi, tel qu'il nous est transmis par Gaius, les deux adversaires qui commençaient par affirmer chacun leur droit en s'emparant de la chose et en la touchant de la vindicte.

---

[1]) Gaius, IV, 48: *Omnium autem formularum quæ condemnationem habent, ad pecunariam æstimationem condemnatio concepta est.*

[2]) Gaius, *loc. cit., in fine: Itaque et si corpus,* etc. Ce texte peut dire deux choses tout-à-fait opposées, selon qu'on y intercale ou qu'on y retranche un *sed.* V. E. Dubois, *Institutes de Gaius* 6-e éd., 1881), p. 435, n. 211. P. F. Girard, *Textes de droit romain* (2-e éd., 1895). p 283, n. 1. La question est discutée dans Mayer *Ad Caji institutionum commentorii IV, § um 48, commentationem* (1853); Karlowa, *Der römische Zivilprozess zur Zeit der Legisactionen,* p. 147 et ss.; H. Cuënot, *De la condamnation civile à Rome sous les actions de la loi* (Thèse) p. 13 et ss., etc.

[3]) H. Cuënot, *De la sentence du juge et de sa réalisation dans l'action sacramenti. in rem. Nouvelle Revue Historique,* 1893, pp. 321—362.

[4]) R. Stintzing, *Über das Verhältniß der Legis actio Sacramenti in rem zu dem Verfahren durch Sponsio præjudicialis* (1853), pp. 36—41 L'existence d'une condamnation pécuniaire a été surtout affirmé par Mayer, *op. cit.*

s'en désaisaient sur l'ordre du magistrat: *Cum uterque vindicasset, prætor dicebat:* **Mittite ambo hominem**; *illi mittebant*[1]). Suivait la provocation *au sacramentum.* Après quoi, le préteur procédait à l'attribution provisoire de l'objet: *Postea prætor secundum alterum eorum vindicias dicebat*[2]). Si la première partie du procès finissait par une attribution intérimaire, il est logique de supposer que la seconde et dernière partie devait également se terminer par l'attribution, définitive cette fois, de la chose litigieuse. Le magistrat qui premièrement *vindicias dicebat,* jugeait sur le fond: *litem addicebat ou dabat.*

On peut aussi invoquer un fragment bien connu de la loi des XII Tables, où il est dit: *Post meridiem præsenti litem addicito*[3]). Puisqu'au cas de défaut du défendeur la chose est attribuée au demandeur présent au procès, on peut conjecturer qu'il en était de même au cas de débat contradictoire.

Enfin, *l'addictio litis* de *l'in jure cessio* fournit à son tour un argument, parce que les formalités de ce mode de transfert de la propriété sont calquées sur celles du *sacramentum* et que cet emprunt serait inexplicable si le *sacramentum* n'avait pas fini, tout comme sa copie, par l'attribution de la propriété de la chose, c'est-à-dire par une condamnation *in rem ipsam.*

En ce qui concerne le raisonnement basé sur le caractère réel du *sacramentum,* on a fait remarquer qu'une exécution réele aurait été matériellement impossible, car on ne pouvait employer à cet offet ni la *pignoris capio,* action de la loi soigneusement réservée à certains cas peu nombreux, ni la *manus injectio* qui ne fonctionnait que

---

[1]) Gaius, IV, 16.

[2]) *Ibidem.*

[3]) Table I, fr. 8. Girard, *Textes,* p. 11. Cf. Wetzell, *Der römische Vindikationsprozeß* (1845). pp 55—57. Girard, *Histoire de l'organisation judiciaire des Romains.* I, p. 85, u. 3.

pour le recouvrement d'une créance pécuniaire. Quant
à l'argument tiré de *l'addictio litis*, il n'est guère meilleur,
car l'attribution de la chose était une peine spéciale infligée à *l'indefensus* ou au *confessus* et on n'en saurait
étendre l'application. Et pour ce qui touche *l'in jure
cessio*, son transfert final de propriété découlait forcément
de la nature contractuelle de l'opération[1]).

Le défaut capital de la thèse de la condamnation *in
rem* est de ne pouvoir donner une raison satisfaisante
du changement opéré dans la condamnation qui, primitivement *in rem*, se serait transformée en condamnation
pécuniaire sous le système formulaire, pour redevenir *in
rem* sous la procédure extraordinaire. Ceci devient encore
plus invraisemblable si l'on songe que, de l'avis unanime,
la condamnation pécuniaire est un produit des civilisations
rudimentaires, tandis que la condamnation portant sur la
chose, réalisant „l'équation du droit et de sa sanction"
n'apparaît que dans les législations relativement avancées ;
les Romains auraient donc débuté par un système perfec-
tionné, pour le remplacer par un autre plus imparfait,
et pour adopter finalement la condamnation archaïque![2])

Il est vrai que des romanistes remarquables ont tenté
d'expliquer cette anomalie, mais leurs essais n'ont pas
été très heureux. Nous ne ferons donc que mentionner
l'opinion de Stintzing qui voyait dans la substitution de
la condamnation pécuniaire à une prétendue condamnation
sur la chose une modification rendue nécessaire par l'aug-
mentation des pouvoirs du juge, ce dernier appréciant la
valeur pécuniaire du droit déduit en justice et ne se
contentant plus d'examiner uniquemment le bien-fondé
de *l'intentio*[3]); celle de Heffter, proposant comme motifs
du changement l'état plus florissant des affaires, l'usage

---

[1]) Cuënot *op. cit.*, pp. 340—341.

[2]) *Ibidem.*

[3]) Stintzing, *op. cit.*, p. 66.

courant de la monnaie[1]); celles de Puchta et d'Ortolan,
croyant à une imitation de la condamnation des *judicia
recuperatoria* employés dans la procédure réservée aux
pérégrins[2]); celle d'Accarias, attribuant à l'effet novatoire
de la *litis contestatio*, dont il n'admet l'apparition que sous
le système formulaire, la transformation du droit sur la
chose en droit pécuniaire[3]); celle de Bethmann-Hollweg,
rattachant la création de la condamnation pécuniaire au
désir d'éviter l'accumulation des procès qui se serait pro-
duite par l'adjonction des nouveaux débats à un litige
déjà tranché[4]). Nous ne nous attarderons pas à la réfutation facile de ces différents systèmes.

La possibilité d'une condamnation *in rem* étant écartée,
nous exposerons brièvement un nouvelle explication de
l'origine de la condamnation. Cette thèse est entièrement
basée sur le rôle du *præs* dans la procédure du *sacramentum*, rôle mieux précisé depuis les recherches de
Mommsen et de M. Gradenwitz[5]). Il est prouvé aujourd'hui que le *præs* ne s'obligeait pas à côté du débiteur, mais bien à sa place, le mettant hors cause et
s'y substituant. La garantie la plus complète est donnée
au vainqueur du procès par la constitution du *præs*;
c'est pour lui le paiement assuré. Cela est si vrai, que
nous voyons plus tard, dans différentes opérations juridiques, le débiteur s'offrir lui-même comme *præs*, afin
de trouver plus de crédit[6]).

---

[1]) H e f f t e r, *System des römischen und deutschen Zivilprozeß.* (2-e
ed.) p. 130.

[2]) P u c h t a, *Institutionen* (9e ed revuo par P. K r ü g e r, 1881), t. I,
§ 163. O r t o l a n, *Explication historique des Instituts*, t. III, No. 1909 etss.

[3]) A c c a r i a s, *Précis de droit romain* (4-e éd.), t. II, 762.

[4]) B e t h m a n n - H o l l w e g, *Handbuch des Zivilprozeß* (1834), p. 318

[5]) Th. M o m m s e n, *Die Stadtrechte der lateinischen gemeinden
Salpensa und Malaca* (1851). Otto G r a d e n w i t z, *Zwangsvoll-
streckung und Urtheilssicherung* (1888).

[6]) V. les exemples tirés d'une inscription de Pouzzoles (G i r a r d,
Textes, p. 766), et d'un fragment de Festus (v[1] *manceps)* dans
C u ë n o t, *op. cit.*, p. 353.

L'exécution de la sentence se réalisait contre le *præs*
au moyen de la *manus injectio;* le répondant doit une
somme d'argent, car le montant de la prestation est
évalué par le magistrat dès que le *præs* se porte fort
de l'exécution du principal intéressé[1]. Mais, dira-t-on,
ce ne sera là qu'une exception; la plupart des fois le
præs obtiendra de la personne dont il se porte garant
la restitution de la chose; n'est-ce pas la confirmation
de la théorie de Stintzing? En aucune façon; le juge
se prononce simplement sur l'enjeu des *sacramenta;*[2]
l'exécution de sa sententence ne le regardait plus. Si
le *præs* parvenait le plus souvent à décider le débiteur
de rendre l'objet, cela ne veut nullement dire que la
condamnation du juge portait sur la *res ipsa.*

En résumé, la procédure de la *legis actio sacramenti*
aboutit à la sentence du juge qui décide, à l'époque
primitive, que telle partie doit une amende pour avoir
prêté un faux serment, à une époque plus avancée, que
telle partie a perdu son pari[3]. Par conséquent, „le
problème de la condamnation, ne se pose point à proprement
parler . . . Le *judex* ne prononce pas de condamnation,
non condemnat, il constate simplement le droit, *jus dicit,*
judicat"[4]. La même solution peut facilement être
étendue aux *legis actiones in personam*[5].

Il faut donc conclure que le droit romain consacra
premièrement la condamnation pécuniaire, et ceci, non

---

[1] *Lex Acilia repetundarum,* ligne 57 (Girard, *Textes* p. 37);
lex Agraria de 643, lignes 47 et 74 (*Ibid,* pp. 50—53).

[2] „Il se borne à déclarer les *sacramenta justa* ou *injusta*":
Girard *Histoire de l'organisation judiciaire des Romains,* I, p. 90.
Cf. aussi Wlassak, *Der Gerichtsmagistrat im gesetzlichen Spruch-*
verfahren dans la *Zeitschrift der Savigny Stiftung für Rechts-*
geschichte, 1904 (*rom. Abt.*), pp. 81—188.

[3] V. P. F. Girard, *Manuel de droit romain* (1897), pp. 957—959.

[4] Cuënot, *op. cit.,* pp. 357—358.

[5] V. les auteurs cités dans Cuënot, *op. cit.,* p. 361.

pas dès le début, mais au moment de l'apparition des dernières actions de la loi, probablement dès la *judicis arbitrive postulatio*. M. Girard propose même de remonter plus loin et il trouve dans un passage du *De re rustica* de Caton l'Ancien, ainsi que dans deux autres d'Aulu-Gelle, des indices qui lui font croire que „quelque chose de semblable à la condamnation de la procédure formulaire, un précédent dont la *condemnatio* de la formule aura précisément été une dérivation" devait déjà exister sous le droit des XII Tables, en tout cas bien avant la loi Æbutia[1]).

Quoi qu'il en soit, nous dégageons de la discussion une constatation dont nous nous servirons comme point de départ: la condamnation, à dater de l'époque où l'on peut parler d'une condamnation au vrai sens du mot, était pécuniaire. Ce résultat nous permettra d'établir avec quelque certitude l'origine de la formule arbitraire.

La façon dont s'opéra la substitution de la procédure formulaire à celle des actions de la loi et, d'une manière plus générale, l'histoire des atténuations progressives qui furent apportées au système primitif est assez mal connue, parce qu'ainsi que cela arrive presque toujours dans les transformations du droit, la transition ne se fit qu'insensiblement. Plus exactement, des réformes de détail, des changements de pure forme, surtout des facilités accordées aux plaideurs, remplacèrent patiemment les rouages jugés défectueux par d'autres plus perfectionnés, de sorte que l'ancien système, tout en con-

---

[1]) Girard, *Histoire de l'organisation judiciaire des Romains*, I p. 91, n. 2. Nous ne pouvons, faute de place, discuter ici cette importante question; mais nous attirons l'attention du lecteur sur la remarquable dissertation de M. Girard qui présente la controverse sous un jour tout nouveau. Cf. aussi Montagnon, *De la nature des condamnations civiles à Rome* (Thèse); Thaller, dans la *Nouv. Rev. Historique*, 1884, pp. 459—470; Brini, *Archivio giuridico* XII, 1878, pp. 213—278, combattu par M. Girard dans la note précitée.

tinuant à fonctionner, se trouva à un moment donné mué en un mécanisme nouveau. Ainsi, selon Gaius, les formules furent d'abord modelées sur les actions de la loi: „. . . *Sunt actiones quæ ad legis actionem exprimuntur*"[1]). Ainsi, l'action *judicati* fut „une simple transposition de la *manus injectio judicati* dont sa formule contient peut-être la fiction"[2]). Ainsi, l'action *in rem per sponsionem* n'est, à quelques différences près, qu'une imitation de l'action *sacramenti in rem*, inventée par les praticiens afin d'éviter le taux élevé du *sacramentum* ou d'en écourter la durée, et que suivra bientôt la procédure *per formulam petitoriam*[3]). Car „rien de ce qui fait son apparition dans le droit n'est absolument nouveau et sans racine dans le passé"[4].)

La procédure *per sponsionem* consistait en une promesse du défendeur de payer au demandeur une petite somme d'argent, si le droit de propriété de ce dernier venait à être reconnu; en ce cas, le défendeur s'engageait en outre à rendre la chose litigieuse. On ne peut nier les différences qui séparent cette procédure de celle du *sacramentum*. Pour ne citer que les principales, la *sponsio* est un véritable contrat conditionnel, tandis que le *sacramentum* n'implique aucun lien de droit préexistant entre les parties; de plus, nous trouvons dans le premier système une procédure simple qui remplace la procédure double de l'autre, c'est à dire un seul demandeur et un seul défendeur, au lieu de deux parties qui soient en même temps demanderesses et défenderesses.

Mais, à l'inverse, dans la procédure *per sponsionem,*

---

[1]) Gaius, IV, 10.

[2]) Girard, *Manuel*, p. 1006.

[3]) V. Wlassak, *Zeitschr. d. Sav. Stift.*, 1904 (*rom. Abt.*), pp. 156—157. W. Kisch, *Beiträge zur Urtheilslehre* dans la *Strassburger Festschrift für A. S. Schultze* (1903).

[4]) J. E. Labbé, p. IX de sa Préface des *Institutions juridiques des Romains* (1891) de M. Cuq

2

le juge ne se prononce, tout comme dans le *sacramentum,* que sur la somme promise en vue de lier le procès: *sponsio præjudicialis.* De même que dans le *sacramentum,* l'exécution de la sentence ne se réalisera que grâce à une garantie accessoire: la *satisdatio pro præde litis et vindiciarum.* Nulle part, en fin de compte, la procédure nouvelle ne rompt brutalement avec l'ancienne. Il n'y a pas jusqu' au fameux caractère de procédure double de le *sponsio* „dont l'origine ne se rattache pourtant probablement à ce qui se passait déja pratiquement dans la *sacramentum in rem* au cas où les deux *sacramenta* étaient déclarés *injusta.*"[1]

La comparaison de la procédure *per sponsionem* avec le *sacramentum* d'une part, et la *formula petitoria* de l'autre, a donné lieu à de regrettables erreurs. Keller, notamment, en se fondant sur l'analogie qui existe entre la *sponsio* et la *sacramentum,* avait soutenu qu'une fois la *legis actio in rem* tombée en désuétude, un long intervalle s'était passé avant que l'on trouvât la formule pétitoire. C'est pendant ce laps de temps qu'on avait dû *agere per sponsionem.* La *sponsio* aurait donc été un dérivé direct du *sacramentum* et un modèle de la formule, une procédure transitoire, un trait d'union entre l'ancienne et la nouvelle forme de revendication.[2]

Cette opinion a été refutée particulièrement par Stintzing, qui, après une minutieuse discussion des textes proposés, entreprit de démontrer que la procédure *per sponsionem* n'avait certainement pas pu ménager le passage du *sacramentum* à la formule, attendu que ces deux procédures présentent une grande affinité, tandis que la *sponsio* diffère considérablement de la formule pétitoire. Les

---

[1] Girard, op. cit., p. 326.

[2] V. Keller, *Der römische Zivilprozeß und die Actionen* (6. éd., 1883, revue par Wach), §§ 25—27. Il se base sur Gaius, IV, §§ 91, 93, 94; Cicéron, *In Verrem,* II, 1, 45; Fragments du Vaticain, § 336, etc.

paroles prononcées par le revendicant dans le *sacramentum
in personam: Aio te mihi dare oportere* se retrouvent dans
l'intentio de la formule: *Si paret N^m N^m dare oportere*
et les paroles du *sacramentum in rem: Hanc rem meam
esse aio ex jure Quiritium* dans la variante: *Si paret
illam rem ex jure Quiritium A^i A^i esse.* Stintzing tente
ensuite un raisonnement identique pour la *condemnatio*,
mais aboutit à un résultat erroné, parce qu'il part de
l'idée que la condamnation, sous les actions de la loi,
portait sur la *res ipsa.*[1]) On devine la conclusion: Si
l'on peut rapprocher le *sacramentum* de la formule, et
si l'on ne peut en faire autant pour la *sponsio*, c'est
que les deux procédés extrêmes se sont succédé sans
passer par la forme intermédiaire de la *sponsio*, moyen
hybride, vague perfectionnement du *sacramentum*, très
différente à coup sûr de la revendication par formule
pétitoire.

Il est hors de doute que la doctrine de Keller conduit à des conséquences inacceptables. Mais il nous
semble qu'il y a également dans l'autre système une bonne
part d'exagération. Puisque Stintzing, revenant sur ses
déclarations un peu tranchantes du début, avoue, avant
de conclure, que la *sponsio* offre certaines ressemblances
avec *le sacramentum* tout en n'ayant aucune analogie avec
la formule[2]), il suffirait, pour le réfuter à son tour, de
prouver que cette différence n'a pas été aussi complète
qu'on à bien voulu le dire.

Tout d'abord, les paroles par lesquelles on provoquait
à la procédure *per sponsionem* étaient-elles vraiment
si dissemblables de celles du *sacramentum* ou de *l'intentio*
formulaire? Elles nous sont rapportées par Gaius: „*Si
homo quo de agitur ex jure Quiritium meus est, sestertios
XXV nummos dare spondes?*"[3]) La forme conditionelle

---

[1]) Stintzing, *op. cit.*, pp. 56—63.
[2]) *Ibid.*, p. 67.
[3]) Gaius, *IV.*, 93.

qui y est employée rapproche même davantage la *sponsio*
de la formule *si paret* que le *sacramentum*, dont l'affirmation, au présent, était simple et catégorique. On
pourrait, il est vrai, nous objecter qu'à la différence de
la procédure franche *per formulam petitoriam*, le débat
ne portait pas, dans la *sponsio*, sur le *homo quo de
agitur*, mais sur la *summa sponsionis*[1]), que le juge
statuait uniquement sur ce point, et que la question de
propriété n'était résolue que par contre-coup. C'est fort
exact. Mais est-il besoin de rappeler qu'il n'en était
pas autrement dans la *legis actio sacramenti*, dont la
parenté avec la formule a cependant été admise? Si
les parties commençaient par dire: *Hunc ego hominem
ex jure Quiritium meum esse aio*, elles n'affirmaient ainsi
que leur droit de propriété. Ces mots ne touchaient
pas le juge. Ce qu'il prenait en considération, c'était
le montant des paris. Il ne se prononçait que sur la
somme des *sacramenta*[2]). L'attribution de la propriété
ne se réglait donc, ici aussi, que d'une manière indirecte.
Loin de trouver un antagonisme entre la *sponsio* et la
formule, nous croyons, avec M. Girard, y apercevoir
„le même caractère d'action simple, la même différence
de situation entre le *petitor* et le *possessor* et jusqu'à
un certain point la même sanction par voie de *satisdatio.*"[3])

Il n'y a donc pas une plus grande analogie entre la
formule et le *sacramentum* qu'entre celle-là et la *sponsio*,
parce qu'en réalité, les deux systèmes du début furent
aussi imparfaits l'un que l'autre et que le progrès ne
se manifesta qu'à partir de la formule.

Pour parler net, on se trouve en présence de trois
procédés distincts qui, s'ils ne dérivent pas l'un de
l'autre, se sont tout au moins succédé. Il va de soi

---

[1]) V. par exemple Cuënot, *op. cit.*, p. 337.
[2]) Cf. Cicéron, *De domo*, 29, 78; *Pro Cœcina*, 33, 97.
[3]) Girard, *op. cit.*, p. 327.

qu'il n'est pas question de phases alternatives, au sens
rigoureux du mot[1]). Bien au contraire, des fragments
de Plaute et de Tite-Live[2]) prouvent qu'on pouvait déjà
agere per sponsionem sous les actions de la loi, et Gaius
dit clairement que le *sacramentum* continua à être
employé dans les causes centumvirales, après l'apparition
de la *sponsio*, précisément pour réclamer la *sponsio præjudicialis* de 125 sesterces: *„non per formulam petimus
sed per legis actionem: sacramento enim reum provo-
camus“.*[3]) De même, la *sponsio* existera plus tard, en
dépit de l'introduction de la formule; *„aut enim per
formulam petitoriam agitur, aut per sponsionem“*, dit encore Gaius.[4]) Il n'en reste pas moins acquis que le
sacramentum a été la première forme de la *vindicatio
rei*, que, par la suite, on imagina un moyen plus commode, la procédure *per sponsionem*, et qu'enfin, apparut
la revendication *per formulam petitoriam*. Même s'il
n'est pas prouvé que la *sponsio* ait été une procédure
transitoire permettant de passer du *sacramentum* à la
formule, il est du moins établi qu'elle a sa place
marquée entre les deux, puisqu'elle débute après le
première pour ne finir qu'après l'introduction de la
seconde. M. Bekker, qui soutient que la *sponsio* marque
une étape sur l'ancieum *legis actio in rem* sans cependant

---

[1]) **Mayer**, *op. cit.*, § 23, p. 69: *„. . . Triplex existeret in rem
actio.“*

[2]) **Plaute**, *Rudens*, III, 4. **Tite-Live**, III, 13, 24, 56, 57. **Va-
lère-Maxime**, II, 8, 2. V. leur commentaire dans **Stintzing**, *op. cit.*,
pp. 44—46.

[3]) **Gaius**, VI, 95. L'analyse de ce passage est très bien faite
par **Stintzing**, *op. cit.*, pp. 47—54, qui réfute **Bethmann-Hollweg**
Zeitschrift für geschichtliche Rechtswissenschaft, t. V, p. 388 et ss.,
et **Römer**, *Ueber das Erlöschen des klägerischen Rechts* (1852) p. 22
et ss. Nous reviendrons sur cette discussion à la fin du paragraphe, — Cf. sur la *sponsio CXXV nummum* **Lenel**, *Edit perpétuel* (trad. **Peltier**) t. I (1901), p. 161.

[4]) *Idem*, IV, 91. Cf. **Keller**, *op. cit.*, p. 140.

servir de modèle à la *formula petitoria,* remet les choses
au point, en reconnaissant qu'il faut prendre position
entre le deux opinions extrêmes.[1]) Nous sommes d'autant plus volontiers de cet avis qu'au fond, en droit
romain surtout, il est difficile de parler de „dérivation"
tangible et qu'il faut se résoudre à constater les choses
telles qu'elles sont, sans chercher à les plier à des
systèmes préconçus.

Il est temps de mentionner la troisième forme créée
à la suite du *sacramentum* et de la *sponsio;* c'est la
procédure *per formulam petitoriam.* On a pu dire d'elle
qu'elle „portait l'empreinte de l'esprit nouveau de la
jurisprudence; comme l'action de bonne foi ou l'exception
de dol, elle tend à donner satisfaction à l'équité de la
manière la plus complets. A cet égard, elle diffère des
procédures antérieures autant qu'une action de bonne foi
diffère d'une action de droit strict".[2])

La revendication par formule pétitoire réalise effective-
ment un grand progrès sur les deux autres, en ce que
le juge statue directement sur la question de propriété
au lieu de se prononcer sur une créance, simple expédient
en vue de lier le procès. comme il le faisait anciennement.
Dans cette nouvelle procédure, le possesseur, jadis
intérimaire, de la *res litigiosa,* maintenant légalement
couvert par l'interdit *uti possidetis* ou *utrubi,* garantit
l'exécution de la sentence par la *satisdatio judicatum solvi,*
qui permet de lui faire payer la valeur de la chose

---

[1]) E. J. Bekker, *Die Aktionen des römischen Privatrechts,*
t. I (1871), p. 212.

[2]) Cuq, *Les Institutions juridiques des Romains,* t. II (1902),
pp. 256—257. Cf. cep. Voigt, *Das jus naturale, æquum et
bonum und jus gentium der Römer,* t. III, 2 (1875), p. 1008, qui
établit un parallèle entre la *pronuntiatio* de la formule et la *judicatio* des deux anciens procédés, puis entre la *judicatio* de la formule
pétitoire et *l'arbitrium litis æstimandæ* de la *legis actio* et de la
sponsio.

(*quanti ea res erit*) s'il perd son procès. La condamnation pécuniaire prononcée par le juge sera réalisable par l'action *judicati*. Mais comme la condamnation pécuniaire n'assurerait encore qu'indirectement la restitution de l'objet revendiqué tout en pesant très lourdement sur le perdant — on verra tout à l'heure pourquoi — le juge offre à celui-ci le moyen de s'y soustraire, en lui proposant de restituer simplement la chose. Si le perdant accepte, et c'est dans son intérêt, il échappera à la condamnation pécuniaire; il n'y sera soumis que s'il refuse de rendre la *res litigiosa*. Aussi, [la formule pétitoire, d'après la reconstitution de M. Lenel, aurait-elle été ainsi rédigée:

> *Judex esto. Si paret rem qua de agitur ex jure Quiritium Auli Agerii esse,* **neque ea res arbitratu tuo Aulo Agerio restituetur,** *quanti ea res erit, tantam pecuniam, judex, Numerium Negidium Aulo Agerio condemna, si non paret absolve.*[1])

C'était la formule arbitraire qui apparaissait. C'est pour ce motif que la procédure par formule pétitoire se nomme dans son expression complète procédure *per formulam petitoriam vel arbitrariam*.

En retraçant ces différentes étapes de la condamnation et de la réalisation de la sentence, notre but était de démontrer comment, pour l'hypothèse particulière de la *vindicatio rei*, qui est la plus fréquente assurément dans toutes les procédures primitives, la nécessité de la formule arbitraire s'imposa à la suite d'une évolution très simple et en attendant le moment d'adopter la solution moderne de la condamnation sur la chose, admise sous le système extraordinaire. Il ne faudrait pas croire pour cela que nous avons voulu présenter la formule pétitoire comme la première en date

---

[1]) Lenel (Trad. Peltier), *op. cit.,* t. I, p. 211.

·des actions arbitraires, ainsi qu'on l'a souvent enseigné[1]). ·Cette question soulève du reste une controverse que l'on ne peut passer sous silence.

Keller avait proposé de reconstituer la formule pétitoire de la façon suivante:

> *Titius judex esto. Si paret illam rem* (par exemple *hominem Stichum, fundum Cornelianum, L. Annii hereditatem*) *q. d. a. ex jure Quiritium A^i A^i esse, neque* (*nisi*) *eam N^s N^s A^o A^o arbitratu tuo restituet, quanti ea res erit, N^m N^m A^o A^o condemnato, si non paret absolvito*[2]).

Il avait fait remarquer que la réunion d'un *judicium* ·et d'un *arbitrium* en une seule formule, comme c'est le ·cas dans la pétitoire, se retrouvant dans un grand nombre d'actions, cela permettrait de supposer que „la formule pétitoire n'est qu'un exemple, peut-être un modèle„ ·des autres actions arbitraires, qu'elle fut imitée d'abord ·dans ·les actions confessoire et négatoire, puis dans l'action *finium regundorum*, enfin dans presque toutes les actions pretoriennes similaires [3]). Bethmann-Hollweg soutient également l'ancienneté de la formule pétitoire, en ajoutant que le préteur, au moyen d'actions *in factum*, avait probablement étendu le modèle primitif ·aux cas qui s'en rapprochaient et où il s'agissait d'une restitution au sens large: action *quod metus causa*, action *de dolo* etc.[4]) Savigny, que l'on a voulu mettre en opposition symétrique avec ces deux auteurs, ne s'est ·en réalité pas prononcé sur ce point[5]).

---

[1]) On a également essayé de prouver que la revendication n'avait pas été une action arbitraire. V. Gimmerthal, *Eigenthum*, p. 17. Nous discuterons cela dans le § III de cette étude.

[2]) Keller, *op. cit.*, p. 135.

[3]) *Ibid.*, pp. 13—139.

[4]) Bethmann-Hollweg, *Der römische Zivilprozeß*, t. II, p. 110.

[5]) Gimmerthal, *op. cit.*, p. 36 interprète inexactement un passage de Savigny en disant que celui-ci avait préconisé l'emploi

La doctrine que nous venons de résumer n'est point invraisemblable, surtout si l'on songe que le plus ancien témoignage relatif aux actions arbitraires se rapporte à la *formula petitoria*, et que toutes les actions réeles (même les civiles, intentées par formule pétitoire) furent arbitraires, tandis que ce caractère n'appartint jamais qu'à certaines actions personelles; mais, comme nulle preuve concrète ne vient étayer cette opinion, il est préférable de ne rien affirmer[1]).

Les difficultés qui empêchent de résoudre cette question de priorité s'opposent aussi à ce que l'on

---

originaire de la formule arbitraire dans les actions personelles qui tendent à une restitution: actions *commodati, depositi, pigneraticia, doli* et *quod metus causa*. Savigny développe l'idée contenue dans le principe qui lui paraît dominer toute la matière, à savoir que l'on ne peut parler d'action arbitraire que s'il s'agit de remettre les choses dans leur ancien état, et non de créer un nouvel état de choses. Il cite alors les susdites actions, en prouvant qu'elles remplissent bien cette condition essentielle. Mais il ajoute aussitôt que les actions civiles *in rem* sont également arbitraires chaque fois qu'elle visent une restitution. V. son *System des heutigen römischen Rechts* (1841), § 222, p. 128. Par conséquent, le grand romaniste recherche uniquement qu'elles étaient les actions qui avaient une formule arbitraire et ne se préoccupe pas du tout de trancher la controverse. — Gimmerthal commet une autre erreur lorsqu'il croit réduire à néant la doctrine de Keller et de Bethmann-Hollweg en objectant que leur prétendue formule-modèle n'a jamais pu servir d'exemple à la confection d'autres actions arbitraires, parce qu'elle n'est même pas citée dans la fameuse énumération des Institutes. Le caractère arbitraire de la revendication intentée par formule pétitoire est, en effet, hors de doute. Cf. Girard, *Manuel,* p. 987, n. 1.

[1]) L'expression de *formula petitoria* n'est qu'un synonyme de *formula arbitraria* ou, plutôt, le nom spécial que prend la formule arbitraire des *vindicationes*. La formule pétitoire, dans son sens habituel, est tout simplement la formule arbitraire de la *vindicatio rei*. Lorsqu'on discute sur l'antériorité de la formule pétitoire à l'égard des autres actions arbitraires, cela ne veut en réalité rien dire. Il ne faut y voir qu'une abréviation usuelle, une dénomination plus commode de la revendication intentée par formule pétitoire.

établisse la date exacte à laquelle apparut la formule arbitraire. Des solutions assez ingénieuses ont cependant été proposées. Bien qu'il ne faille accorder qu'un crédit très limité aux déductions qui reposent sur de simples raisonnements au lieu de s'appuyer sur des textes, nous indiquerons brièvement le résultat auquel on est parvenu et la conclusion qui nous paraît la plus probable.

La formule arbitraire est mentionnée pour la première fois dans le *Pro Tullio*, plaidoyer prononcé par Cicéron contre le vétëran de Sulla P. Fabius, ainsi que dans les Verrines. A vrai dire, le mot *arbitraria actio* ou *formula* n'y est pas employé, mais on y trouve *per arbitrum restituere* ou des expressions analogues.

Il ressort du *Pro Tullio* que, dans la procédure des interdits, on accordait déjà au défendeur la faculté d'éviter le paiement de la *sponsio*, en lui permettant de requérir un arbitre devant lequel il pût restituer la *res litigiosa*: „*Ego ipse, tecto illo disturbato, si hodie postulem quod vi aut clam factum sit, tu aut per arbitrum restituas aut sponsione condemneris, necesse est*"[1]). Ce plaidoyer ayant été prononcé en 682 ou 683[2]), on peut reporter à cette date l'existence certaine de la formule arbitraire.

Dans un passage de son deuxième discours contre Verrès, Cicéron s'élève contre la toute-puissance du „*prætor*

---

[1]) Cicéron, *Pro Tullio*, 23, § 53. Cf. Karlowa, *Der römische Zivilprozeß zur Zeit der Legisactionen* (1872), p. 133. — Lenel, *op. cit.*, t. II, p. 191, propose de reconstituer la formule arbitraire des interdits restitutoires et exhibitoires en la calquant, pour chaque cas particulier, sur le contenu de l'interdit qui s'y référait, p. ex: *Quod opus . . . vi aut clam factum est, si arbitratu tuo non restituetur, quanti ea res erit,* etc. au lieu d'y énumérer, comme le voulait Rudorff, les conditions de la restitution ou de l'exhibition, p. ex: *Si paret . . . prohibente A° A° . . . opus factum esse,* etc. V. spécialement pour l'interdit *unde vi,* auquel se rapporte notre fragment, Lenel, *loc. cit.*, § 245.

[2]) Teuffel, *Geschichte der römischen Litteratur* (5e éd. 1890, rev. par Schwabe, t. I, p. 321.

improbus cui nemo intercedere possit" qui, grâce à la complaisance des juges, dispose du sort des procès: „*det, quem velit, judicem, judex nequam et levis, quod prætor jusserit, judicet"*. Il continue en ces termes: „*Si vero illud quoque accedet, ut prætor in ea verba judicium det, ut vel L. Octavius Balbus judex, homo et juris et officii peritissimus, non possit aliter judicare, si judicium sit ejusmodi:* **L. Octavius judex esto: Si paret, fundum Capenatem, quo de agitur, ex jure Quiritium P. Servilii esse, neque is fundus Q. Catulo restituetur,** *non necesse erit L. Octavio judici cogere P. Servilium Q. Catulo fundum restituere aut condemnari eum quem non oportet?"* [1]) „Il est bien certain, dit M. Lenel, que cette formule, ainsi construite, constitue à dessein une monstruosité; mais il est, certainement aussi, fort vraisemblable qu'à part le changement de nom dans la clausula arbitraria, elle est exactement copiée sur le modèle de la formule pétitoire"[2]. Cette constatation nous suffit. Nous n'examinerons pas s'il y a là un exemple de formule pétitoire de revendication, comme le croit la grande majorité de la doctrine, ou une formule d'action Publicienne, comme l'a soutenu Gimmerthal, sans beaucoup d'arguments du reste, et avec l'intention bien arrêtée de supprimer un obstacle gênant qui contrariait sa théorie sur l'impossibilité, pour la revendication, d'être une action arbitraire[3].

Le texte qui présente le plus de difficultés est celui du premier discours contre Verrès: „ *. . . si quis testamento se heredem esse arbitraretur, quod tum non extaret, lege ageret in hereditatem aut, pro prœde litis vindiciarum cum satis accepisset, sponsionem faceret et ita de hereditate certat. Hoc, opinor, jure et majores nostri et nos semper*

---

[1]) Lenel, *op. cit.*. t. I, p. 211, n. 4.

[2]) Gimmerthal, *op. cit.*, p. 7.

[3]) Cicéron, *In Verrem*, II. lib. 2, 12, § 31. Tout ce paragraphe est longuement commenté par Wlassak, *Römische Prozessgesetze* (1888), t. I, pp. 115—120.

usi sumus"[1]). Les auteurs qui nient l'existence de la formule arbitraire pour la pétition d'hérédité à la fin du VIIe siècle, n'ont eu qu'à prendre cette phrase dans un sens restrictif[2]). Nous verrons cependant que des romanistes éminents n'ont pas craint d'en élargir la portée.

L'interprétation de ce passage a donné lieu à une polémique très intéressante, quoiqu'ancienne, entre Stintzing et Bethmann-Hollweg, d'une façon indirecte toutefois, car il ne s'agissait que de déterminer le sens du § 95, C. IV, de Gaius. Bethmann-Hollweg soutenait que Gaius ne pouvait, pour les causes centumvirales, faire allusion à la procédure *per sponsionem* et qu'il avait mis *summa sponsionis* pour *sacramentum*, la *sponsio præjudicialis*, de l'aveu de Cicéron, ne se rencontrant que dans le procès formulaire. Le débat, provoqué par la lecture de ce paragraphe 95, portait donc accessoirement sur la question qui nous préoccupe, car c'est de cette première solution qu'allait dépendre la solution finale de la controverse. Selon Bethmann-Hollweg, Cicéron avait voulu établir une opposition entre l'action de la loi et le procès formulaire en employant à dessein les expressions *lege agere* et *sponsionem facere*, cette dernière expression visant la procédure *per formulam*.[3])

Son contradicteur répondit qu'il fallait, pour partager cette opinion, affirmer *a priori* que les procès relatifs aux héritages, intentés entre citoyens Romains, étaient aussi de la compétence du juge unique et non pas ex-

---

[1]) Cicéron, *In Verrem*, I, 45, § 115. Les Verrines datent de l'an 684. Cf. Teuffel, *loc. cit.*, p. 322.

[2]) A. Zimmern, *Geschichte des römischen Privatrechts bis Justinian* (1826—29), t. III, § 61, n. 3 et 6. Cuq, *op. cit.*, t. I, p. 415, n. 2.

[3]) V. Bethmann-Hollweg, *Zeitschrift für geschichtliche Rechtswissenschaft*, t. V, p. 388 et ss.

clusivement de celle des centumvirs. Si l'on n'admet
que la compétence de ceux-ci, il serait impossible de
soutenir que Cicéron voulait opposer la formule à l'action
de la loi. Il faudrait également tenir pour vraie l'hypothèse que, du temps de l'Orateur, on ne pouvait pas
faire trancher *per formulam petitoriam* les questions
successorales devant le juge unique, et qu'on devait,
pour arriver à ce résultat, biaiser, employer la procédure *per sponsionem prœjudicialis.* Il ne serait pas
logique, en effet, de prêter à Cicéron l'intention d'exprimer par *lege agere* et *sponsionem facere* le contraste
existant entre l'action de la loi et la formule si l'on ne
tient pas premièrement pour fondée la conjecture que
la *sponsio* était le seul et unique moyen d'aboutir à la
formule, parce que, si la formule pétitoire existait
également à cette époque, on ne voit pas pourquoi elle
n'aurait pas franchement été nommée; dès lors, l'opposition entre la *legis actio* et la *sponsio* n'a pas la signi-
fication qu'on lui donne ou, du moins, n'équivaut pas à
une opposition entre la *legis actio* et la *formula.* De
plus, en lisant attentivement le passage controversé, on
voit qu'il s'agit avant tout d'un litige entre citoyens,
puisqu'eux seuls pouvaient user des action de la loi ou
de la *sponsio.* Mais rien ne s'oppose — et le texte ne
vient nullement contredire cette version — à ce que la
formule eût déjà été employée dans les provinces, à la
frontière desquelles finissait précisément la compétence
des centumvirs. Ceci devient encore plus plausible si
l'on veut se rappeler l'analogie que présentent l'action
en revendication de la propriété et l'action en revendication de la succession qui, primitivement, s'intentaient
par une *legis actio* identique dont on ne modifiait, suivant
le cas, qu'une des paroles sacramentelles du début.
Cette ressemblance persista après l'introduction des
formules, car l'*intentio* de l'une portait: *Si paret L. Annii
hereditatem q. d. a. ex jure Quiritium A^i A^i esse* et celle

de l'autre: *Si paret fundum Cornelianum q. d. a. ex jure Quiritium Ai Ai esse.*[1]) Puisque la revendication possédait une formule pétitoire à l'époque où Cicéron prononça ses Verrines, il est probable que la pétition d'hérédité devait aussi pouvoir s'intenter par formule pétitoire.[2])

On peut ne pas partager la façon de voir de Stintzing sur certains points de détail, mais on doit reconnaître que son argumentation, encore que subtile, n'en est pas moins rigoureusement logique. M. Wlassak, qui a également étudié la question, n'aboutit pas à un résultat bien différent. Il est vrai que, reprenant à son compte la théorie de Bethmann-Hollweg, M. Wlassak invoque les §§ 93—95, C. IV, de Gaius, et soutient que la *sponsio* a été employée dans le but d'écarter la *legis actio* et d'obtenir la formule, afin d'amener le procès devant le juge unique — car les causes instruites par formule arbitraire auraient toujours été du ressort du juge unique, à la différence de celles intentées *per sponsionem* — ce qui le conduit à penser que „pour les actions *in rem*, et dans les procès entre citoyens, la formule écrite a dû être plus récente que la *sponsio*". Mais en ce qui concerne les Verrines, dit-il, le § 115 de la première démontre qu'au temps des *majores*, et à l'époque de Cicéron lui-même, on pouvait réclamer une succession directement, par la *legis actio*, ou d'une façon détournée, au moyen de la *sponsio*. Est-ce à dire que la formule pétitoire n'existait pas encore? Nullement. Cela prouve une seule chose: c'est qu'en l'année 684, le préteur urbain n'avait pas encore promis, dans son album, la formule pétitoire pour les pétitions d'hérédité. On peut

---

[1]) M. Lenel retrouve également ce parallélisme de deux actions dans leur forme *per sponsionem*. „Nous sommes certainement fondés, dit-il, à transporter tout simplement à la pétition d'hérédité la sponsio qui nous a été conservée par Gaius, IV, 93, pour la rei vindicatio", *op. cit.*, t. I, p. 199.

[2]) Stintzing, *op. cit.*, pp. 50—54.

tout au plus se demander si le schéma, rapporté par Cicéron dans son deuxième discours contre Verrès, se trouvait dans un album sicilien ou romain, s'il était inscrit sur les tablettes du préteur pérégrin ou urbain. Il est probable, étant donné que les pérégrins ne pouvaient user des actions de la loi, que la formule pétitoire fut d'abord employée dans le tribunal du *prætor peregrinus* et plus tard seulement dans les procès des citoyens.[1]

Quel que soit le sens et la portée qu'on accorde aux trois fragments que nous venons de citer, un fait positif, indéniable, est solidement acquis, c'est qu' à l'époque de Cicéron, la formule arbitraire était employée dans différents cas; on peut, à la vérité, élever des difficultés sur la question de savoir si cette formule a fonctionné plus tôt pour tel cas que pour tel autre,[2] mais ceci

---

[1] Wlassak, *op. cit.*, t. I, pp. 112—120. MM. Wlassak et Lenel (*op. cit.*, t. I, p. 199, n. 1) citent tous deux un fragment de Pomponius (lib. 18 *ad Quintum Mucium*) qui se trouve au D. 4, 7, *de statulib.*, 29, 1 et qui fait allusion peut-être à un procès formulaire. — Relativement à la formule arbitraire de la pétition d'hérédité, Rudorff (*De jurisdictione edictum*, 1869, § 57) croyait pouvoir admettre ce modèle: *S. p. hereditatem Publii Mœvii ex jure Quiritium A^i A^i esse, si arbitratu tuo res A^o A^o non restituetur, q. e. res erit. tantam pecuniam N^m N^m A^o A^o c. s. n. p. a.* M. Lenel l'avait autrefois combattu dans ses *Beiträge zur Kunde des prätorischen Edicts* (1878, p. 89 et ss.), mais est revenu en partie sur son opinion, en reconnaissant que *l'intentio* et la *clausula arbitraria* de la formule avaient probablement été ainsi rédigées. Il reproche cependant à cette reconstitution, en se basant sur le D. 5, 3, *de hered. pet.*, 13, 12, de ne pas préciser certaines conditions d'exercice de l'action, notamment de ne pas indiquer qu'elle n'était accordée que contre celui qui possédait *pro herede* ou *pro possessore* Et il conclut à cette rédaction: *S. p hereditatem q. d. a. ex jure Quiritium A^i A^i esse, quod Ns Ns ex ea hereditate pro herede aut pro possessore possidet, neque id arbitrio tuo A^o A^o restituetur, quanti ea res erit, tantam pecuniam,* etc. V. son *Edit perpétuel* (trad. Peltier), t. I. pp. 199—203.

[2] C'est ainsi que, selon Voigt, *Jus naturale*, t. III 2 (1875),

n'a qu'une importance tout à fait secondaire. Il ne faut pourtant pas se faire trop d'illusions sur ce résultat. La formule arbitraire existait au temps de Cicéron, soit. Mais elle existait certainement auparavant, puisque l'Orateur ne la présente nullement comme une création récente. Et alors, à combien d'années en arrière faut-il en reporter l'origine? Comme on le voit, le débat reste toujours ouvert, précisément lorsqu'on croit atteindre le but. C'est sur ce point du reste que les divergences sont les plus nombrenses.

Si l'on admet avec Gimmerthal, que l'exemple de formule pétitoire, transmis par Cicéron, se rapporte à la Publicienne et non pas à la revendication, la date de son apparition peut être reculée jusqu'à une époque très lointaine, car la Publicienne, simple imitation de la formule pétitoire de la *rei vindicatio*, suppose déjà un long fonctionnement de cette dernière. „*Publiciana enim in rem actio, Cicerone multum antiquior, introduci non potuisset, ne formula petitoria, ad quam ficta usucapione expressa erat, jam invaluisset*" enseignait Mayer[1]), en développant une hypothèse émise naguère par Hugo. On conclura également en faveur de cette idée, si l'on accepte l'*a contrario* un peu forcé de Stintzing: Cicéron ne parle pas de la *formula petitoria* comme d'une institution récente, mais comme d'un exemple connu; donc, elle existait depuis bien longtemps avant[2]). Le partisan le plus résolu de l'ancienneté de notre formule fut Voigt qui établit sa conviction sur une étude des origines de l'action Publicienne[3]). Les exagérations ne manquent

---

pp. 1005—1006, la formula pétitoire apparaît d'abord sinon pour l' *hereditatis petitio*, du moins comme *specialis in rem* pour la revendication, puis pour les actions confessoire et négatoire, pour la *Publiciana in rem, rescisoria* et *Pauliana in rem.*

[1]) **Mayer,** *Ad Caji instit. commentationem* (1853), **p.** 66.
[2]) **Stintzing,** *op. cit.,* p. 60.
[3]) **Voigt,** *loc. cit.,* p. 829.

pas non plus dans le système contraire et il convient de citer, pour mémoire, l'opinion d'Eisele qui, malgré les textes décisifs de Cicéron, croit que la loi Æbutia n'introduisit les formules que pour la *condictio* — les passages cités visant exclusivement des *condictiones* — et que la formule pétitoire n'a donc pu exister qu'à partir des deux lois Juliæ, de l'année 737.[1])

Ces différentes conjectures nous paraissent aussi erronées les unes que les autres, parce que leurs auteurs ne se sont pas autant souciés de faire la lumière sur ce point, jugé de peu d'importance, que d'y trouver une raison de plus en faveur de tel système général qui leur était cher. L'origine de la formule arbitraire, par suite même de l'incertitude qui l'entourait, a été d'un usage aussi précieux que commode pour ceux des interprètes qui, à bout d'arguments, cherchaient à consolider tant bien que mal certaines théories un peu frêles. C'est ainsi que la date de notre formule a été à tour de rôle avancée ou reculée, selon les besoins de la cause. Mais si l'on veut bien examiner la question en elle-même, en vue simplement de la résoudre et non plus pour y découvrir la preuve de quelque assertion douteuse, on verra que la solution la plus vraisemblable est une solution terme.

La fixation de la date approximative à laquelle apparut la formule arbitraire dépend entièrement, à notre avis, de la date que l'on assigne à l'apparition de la condamnation pécuniaire, parce que la formule ne fut introduite que pour parer à un inconvénient de ce genre de condamnation. Par conséquent, en admettant que la condamnation primitive des *legis actiones* était pécuniaire, on admettra, comme corollaire, que la formule arbitraire possède une très grande ancienneté. Ceci est

---

[1]) Eisele, *Abhandlungen zum römischen Zivilprozeß* (1889), pp. 67—109.

si vrai, que Mayer, qui affirma, comme on s'en souvient,
l'existence d'une condamnation pécuniaire au temps des
actions de la loi, fut obligé, pour être conséquent avec
lui-même, de préconiser au sujet de la formule pétitoire
une date remontant fort loin dans le passé. Il est vrai
que Stintzing, qui croyait à une condamnation primitive *in rem ipsam*, aboutissait à une conclusion à peu
près semblable, mais il faut ajouter que, traitant la
question d'une façon tout à fait accessoire, il fut in-
fluencé par des considérations de textes et non par la
connexité que nous avons établie entre la condamnation
et la formule. Par contre, ceux qui soutiennent que la
condamnation fut premièrement pécuniaire mais qu'elle
n'apparut qu'assez tard, le système primitif ayant été
celui d'une réalisation indirecte de la sentence au moyen
de la constitution du *præs*, devront conclure à une
origine plus récente.

Une réflection s'impose: La formule arbitraire n'a
pas apparu en même temps que la condamnation pécuniaire, mais après. On se rappelle, en effet, que,
suivant M. Cuënot, la condamnation a dû être introduite
au moment de la *judicis postulatio* et, selon M. Girard,
peut-être même avant. Or, la formule arbitraire, elle,
n'a pu exister qu'à partir de la loi Æbutia (605—628),
qui proposa les premières formules.[1]) Il avait donc

---

[1]) Nous adoptons à ce sujet l'opinion de M. Girard (*Manuel*,
p. 966, n. 2`, qui nous paraît la plus vraisemblable parce qu'elle
est corroborée par des textes. Toutefois, cet avis n'est pas unanimement partagé. M. Cuq notamment invoque des passages de
Caton (*De re rustica*), où il est fait mention de l'arbitrage de
l'homme de bien à propos de certaines hypothèses de vente, pour
soutenir que la procédure formulaire existait bien avant 605. Cf.
ses *Institutions*, t. II, p. 732, n. 1. Il est bien entendu, d'autre
part, que les formules ont certainement existé avant la loi Æbutia,
mais seulement dans les provinces, *inter peregrinos*, et que ladite
loi n'a fait qu'en étendre l'usage aux citoyens. Cf. Wlassak,
op. cit., t. I, pp. 62 et suiv., 85 et suiv. Il n'y a donc rien d'im-

fallu que la condamnation pécuniaire fonctionnât pendant quelque temps pour que l'expérience vint à en démontrer les défauts et les moyens pratiques d'y remédier. C'est pour cela qu'il ne faut voir dans la formule arbitraire qu'une des atténuations, qu'un des tempéraments apportés au système de la condamnation pécuniaire. C'est pour cela aussi qu'elle ne nous semble pas avoir été créée en vue de „conserver à l'action son caractère et d'assurer la réalisation du but visé: la restitution de la chose, but auquel permettait d'atteindre indirectement l'institution des *prœdes*[1]),„ sous les actions de la loi — car, en ce cas, elle aurait dû être introduite du même coup que la condamnation pécuniaire — mais plutôt en vue d'acheminer cette condamnation vers la condamnation *in rem ipsam*, qui fut adoptée plus tard sous la *cognitio extraordinaria*.

Ces courtes observations resserrent les limites extrêmes de la date que nous recherchons en un intervalle qui va de 605—628, date de la loi Æbutia, à 682—683, année où fut prononcé le *Pro Tullio*. L'intervalle ainsi délimité diminue encore si l'on songe, ainsi que nous l'avons déjà fait remarquer, que Cicéron est loin de présenter la formule arbitraire comme une innovation, ce qui a pour effet de rapprocher son origine de l'an 628. On peut donc, sans trop d'invraisemblance, supposer que notre formule apparut peu de temps après la loi Æbutia et dès les premières années de la procédure formulaire, puisqu'elle fonctionnait à une époque où les actions de la loi étaient encore en vigueur et où les formules n'étaient employées qu'à titre d'essai[2]).

possible à ce que la formule pétitoire ait également été en usage dans les provinces de l'empire avant la loi Æbutia. Nous tenons à faire remarquer que nous avons uniquement envisagé le droit civil.

[1]) Cuënot, *op. cit.*, p. 362.

[2]) Keller place également cette date au milieu de VIIe siècle, *op. cit.*, p. 141.

Nous n'avons pas cru devoir mentionner, dans cette discussion, un passage d'Alfenus Varus qu'on cite volontiers à propos de la controverse[1]). Le texte, recueilli par les compilateurs du Digeste, se rapporte évidemment à une revendication intentée par formule pétitoire[2]). Mais comme on ne sait pas grand' chose sur Alfenus Varus, sinon qu'il était l'élève de Servius Sulpicius Rufus, qu'il fut consul en 715 et qu'il écrivit des *Digesta* en quarante livres (dont Paul fit un abrégé en huit livres)[3]), on ignore à plus forte raison l'époque à laquelle il écrivit ce fragment, qui date peut-être du commencement du VIIIe siècle. Or, les textes de Cicéron remontant à 682 et 684, le témoignage d'Alfenus Varus, qui leur est sûrement postérieur, n'ajoute rien de nouveau aux données que nous possédions déjà sur ce point.

Il ne nous reste plus qu'à examiner très sommairement, car nous aurons l'occasion de revenir sur la plupart des détails, la question posée au début de ce paragraphe: A quels besoins répondait la formule arbitraire? Quels sont les motifs qui la firent naître? La solution découle tout naturellement des explications précédentes. Au risque de nous répéter, nous rappelerons que la formule arbitraire nous semble surtout une modi-

---

[1]) D., 6, 1 *de rei vind.*, 57: *Si is a quo fundus petitus erat, ab alio ejusdem fundi nomine conventus est, quærebatur si alterutri corum jussu judicis fundum restituisset et postea secundum alterum petitorem res judicaretur, quemadmodum non duplex damnum traheret, respondi, uter prior judex judicaret, eum oportere ita fundum petitori restitui jubere, ut possessori caveret vel satisdaret, si alter fundum evicisset eum præstare.*

[2]) V. Lenel, *Palingenesia juris civilis*, t. I, p. 43, qui croit pouvoir rattacher le fragment au t. XXXI de l'Edit, *de liberali causa*, mais qui ajoute en note: „quod tamen fragm. ad rei vindicationem puto pertinere."

[3]) V. P. Krüger, *Geschichte der Quellen und Litteratur des römischen Rechts* (1888', pp. 64—65; Karlowa *Römische Rechtsgeschichte* (1885), t. I, p. 485.

fication apportée en vue d'alléger la condamnation pécuniaire, donc un avantage accordé au défendeur.[1]

Assurément, le demandeur y trouvait son compte,[2] car le système de la condamnation pécuniaire l'obligeait à se contenter de l'équivalent de la chose litigieuse et l'exposait à subir le concours des autres créanciers du *reus*, ce qui était particulièrement dangereux au cas d'insolvabilité de ce dernier. Depuis l'introduction de la formule arbitraire, ce double inconvénient disparut. Le demandeur put espérer que le défendeur reculerait devant la rigueur de la condamnation pécuniaire, toujours supérieure à la valeur réelle de la *res litigiosa*, et qu'il restituerait l'objet de plein gré. Depuis Justinien, il fut même certain d'obtenir la chose, parce qu'à partir de cette époque, la proposition de restituer, faite par le juge au défendeur, se transforma en un ordre exécutable *manu militari*.[3]

Mais la formule arbitraire présentait peut-être plus d'avantages encore pour le défendeur. Grâce à elle, il pouvait mettre fin au procès et se soustraire au paiement si onéreux de la condamnation en argent. Grâce à elle, il lui était possible d'éviter une condamnation encore plus lourde, la condamnation au quadruple, qui sanctionnait l'action *quod metus causa*. Ulpien

---

[1] Ulpien dit bien: *Arbitraria actio utriusque utilitatem continet, tam actoris, quam rei* (D., 13, 4, *de eo q. cert. loco dari oport.*, 2, pr.), mais il s'agit de l'hypothèse particulière de l'action *de eo quod certo loco* où le juge, plus qu'ailleurs, *æquitatem ante oculos habere debebat*, et où il devait observer certaines règles spéciales.

[2] V. Salanson, *Thèse*, pp. 6—7.

[3] Ulpien, au D., 6, 1, *de rei vind.*, 68. Cf. Gimmerthal, *op. cit.*, p. 60 et suiv. Nous ne citerons pas les dissertations excessivement nombreuses qui ont été écrites sur ce texte fameux depuis le président Fabre jusqu'à ce jour, car tout le monde est convaincu qu'il y a là une interpolation flagrante. Ce texte sert toutefois à démontrer l'existence d'une contrainte au temps de Justinien, chose que personne ne met en doute.

signale cette facilité accordée au défendeur: „*Satis-
clementer cum reo prætor egit, ut daret ei restituendi
facultatem, si vult pœnam evitare*“.[1]) Enfin, la formule
arbitraire lui fournissait le moyen d'échapper à l'infamie,[2])
conséquence de la condamnation au cas de dol, ainsi
que nous l'apprend Paul: „*arbitrio judicis in hac quoque
actione restitutio comprehenditur*“.[3]) Toutes ces mesures
protectrices paraissent cependant d'une nature trop
spéciale pour avoir été prises en considération lors de
l'introduction de la formule arbitraire, et il ne faut y
voir, sans doute, que des applications du principe
découvertes après coup. L'avantage vraiment précieux
offert au défendeur était, selon la réflexion de Bekker,[4])
la faculté de pouvoir effectuer sa prestation même après
la *litis contestatio*, c'est à dire pendant le *condemnari
oportere*, et d'obtenir ainsi au dernier moment un jugement absolutoire.

§ II.

Formule.

Voici comment se passaient généralement les choses
dans les différends où le magistrat avait délivré une
formule arbitraire, une fois que les parties se trouvaient
en présence du juge:

Le *judex* examinait d'abord *l'intentio*, cette partie de
la formule qui indiquait la nature et l'objet du litige,
ou plutôt, le fait allégué par le plaignant à l'appui de
sa demande. Il fallait, par exemple, qu'il contrôlât

---

1) D., 4, 2, *q. met. causa gest. e.*, 14, 1.

2) D., 4, 3, *de dolo malo*, 1, 4 (Ulpien): *Merito prætor ita
demum hanc actionem pollicetur si alia non sit, quoniam famosa
actio non temere debuit a prætore decerni, si sit civilis, vel hono-
raria, qua possit experiri.*

3) D, *h. t.*, 18 pr.

4) V. Bekker, *Die Aktionen des römischen Privatrechts* (1873),
t. II, p. 140, n. 17 *in fine*.

*si paret hereditatem qua de agitur ex jure Quiritium
A^i A^i esse, si paret metus causa A^m A^m fundum quo de
agitur N^o N^o mancipio dedisse,* etc. De son opinion sur
ce point (*pronuntiatio*), dépendait le sort du procès.
Si, à la suite des renseignement et des explications
qui lui étaient fournis, *l'intentio* ne lui paraissait pas
justifiée, il absolvait le défendeur. Jusqu'ici il n'y avait
donc rien que de très ordinaire. Mais l'originalité de
la formule arbitraire apparaissait dès qu'il trouvait la
prétention du demandeur fondée.[1] La formule, en prévision
de cette éventualité, contenait une partie nommée *clausula
arbitraria* qui élargissait notablement les pouvoirs du
juge et qui lui ordonnait, avant de passer à la condamnation, de proposer l'absolution au défendeur moyennant l'éxécution d'une satisfaction arbitrée selon l'équité:
exhibition, restitution en nature, etc. „*In his enim
actionibus*, disent les Institutes (4, 6, *de act.*, 31), . . . *permittitur judici ex bono et æquo . . . æstimare quemadmodum
actori satisfieri oporteat*". La *clausula arbitraria* n'était

---

[1] On peut ajouter aux ouvrages cités au début de notre étude
comme traitant spécialement la question qui fait l'objet de ce paragraphe: F. Walter, *Histoire de la Procédure civile chez les Romains,*
trad. Laboulaye (1841), pp. 45—46. Wächter, *Erörterungen
aus dem römischen, deutschen und württembergischen Privatrecht*
(1845—46), t. II, pp. 17—21, et *Pandekten* (1880), t. I, § 111, pp.
564—565. Rudorff, *Römische Rechtsgeschichte* (1859), t. II, § 42,
pp. 153—155. Vangerow, *Lehrbuch der Pandekten* (7e éd., 1875),
t. I, § 140, p. 209. Puchta, *Institutionen* (9e éd., 1881, rev. par
Krüger), § 166, p. 500. Bruns, *Kleinere Schriften* (1882), t. I,
p. 360. Kohler, *Gesammelte Abhandlungen aus dem gemeinen
und französischen Civilrecht* (1883), t. I, p. 75 et suiv. Arndts,
Lehrbuch der Pandekten (13e éd., 1886, rev. par Pfaff et Hof-
mann), pp. 172—174. Windscheid, *Lehrbuch des Pandekten-
rechts* (6e éd., 1887), t. I, § 46, pp. 121—122. Dernburg, *Pandekten* (7e éd., 1902), t. I, § 133, pp. 307—308. Cf. aussi, bien
que l'auteur ait soutenu depuis bon nombre d'opinions contraires,
Lenel, *Beiträge zur Kunde des prätorischen Edicts* (1879), p. 355,
et suiv.

pas rédigée de la même façon dans toutes les formules;
pour la plupart des actions il y avait **neque** (actions
doli et *quod metus causa*) ou **si arbitrio tuo non restituetur**
(actions en revendication, pétition d'hérédité, *aquæ pluviæ
arcendæ*, etc.); pour d'autres **nisi arbitratu tuo exhibebit**
(action noxale d'injure) ou **neque arbitratu tuo exhibebitur**
(action *ad exhibendum*); enfin, peut-être, pour quelques
cas problématiques, **N. R.** — **nisi restituat** (actions
depositi in jus, commodati, locati?)[1]). La prestation que
le *judex* trouvait juste d'imposer au défendeur avant de
l'absoudre s'appelait *arbitrium* ou *arbitratus (præceptum?)*[2])
et affectait des formes diverses *„secundum cujusque rei de
qua actum est"* (Institutes, *loc. cit.*). Le juge invitait
ensuite plus ou moins formellement le défendeur à
exécuter *l'arbitrium* (jussus *de restituendo vel exhibendo*)[3]).

---

[1]) La formule de beaucoup de ces actions nous est inconnue,
mais M. Lenel semble être parvenu à reconstituer très exactement
les modèles primitifs.

[2]) V. Rudorff, *op. cit.*, t. II, p. 154.

[3]) Nous séparons le *jussus* de *l'arbitrium* pour ne pas choquer
les idées traditionnelles. La doctrine est, à vrai dire, assez con-
fuse sur ce point. Certains auteurs n'appliquent la dénomination
d'*arbitratus* qu'à l'ordre du juge (cf. Rudorff, *loc. cit.*). D'autres,
plus nombreux, admettent que le juge „après avoir fixé . . . la
restitution que devra faire le défendeur (*arbitratus*) . . . lui intime
l'ordre de restituer (*jussus*)" (Salanson, *op. cit.*, p. 41 et p. 4);
ils croient donc à l'existence de deux actes distincts. Il y a cependant des raisons qui nous feraient incliner en faveur d'une
opinion un peu différente, car les textes ne mentionnent jamais,
à notre connaissance, un ordre du juge distinct de *l'arbitrium*.
Gaius, à propos de la matière spéciale des interdits, dit, il est
vrai: *„Sed actor sponsionis formulæ subjicit et aliud judicium
de re restituenda vel exhibenda, ut si sponsione vicerit, nisi
ei res exhibeatur aut restituatur, quanti ea res erit, adversarius ei
condemnatur"* (C. IV, § 165). Mais il serait téméraire d'étendre
à la formule arbitraire en général les règles particulières de la
formule arbitraire des interdits exhibitoires et restitutoires, car
pourquoi ne pas généraliser aussi, en suivant le système jusqu'au
bout, la règle que le défendeur seul a droit à la formule, et

Le défendeur pouvait néanmoins prendre le parti qui

exclusivement „*antequam ex jure exeat*", puisque la procédure des
interdits exigeait ces conditions? D'ailleurs, tout porte à croire
que le *judicium de re restituenda vel exhibenda* dont il est question
„est identique au judicium Cascellianum sive secutorium qui intervenait dans les interdits prohibitoires et qu'il y remplissait la même
fonction" (Lenel, *op. cit.*, t. II, p. 193). Ce serait donc l'un
(*aliud*) des chefs soumis au juge, en même temps que la *stipulatio*
et la *restipulatio* des parties. Nous sommes loin de la notion indiquée au début, du *jussus judicis*, et ceci prouve que le texte ne
vise pas la question qui nous préoccupe. On écartera pour des
raisons semblables les mots „*jubente judice*" que l'on trouve aux
Institutes (4, 17, *de offic. jud.*, 6) et qui se rapportent à l'action
non-arbitraire *finium regundorum* (V. Gimmerthal, *op. cit.*, p. 52)
Il y a enfin certains passages du Digeste où l'on rencontre les
expressions *restitutum jubeat, judex debebit jubere, res exhiberi
jussa* (D., 2, 4, *q. met. c. gest. e*, 14, 5 et 23, 3; 10, 4, *ad exhib.*,
3, 9 et 13). Ces expressions désignent la prestation indiquée par
le juge au défendeur afin de pouvoir l'absoudre. C'est précisément
l'un des caractères des actions arbitraires: le défendeur pouvait,
dans toutes les actions (ou du moins dans les actions de
bonne foi), mettre fin au procès en restituant la chose réclamée
(V. Girard, *op. cit.*, p. 986, n. 4), mais, dans les actions
arbitraires, il n'y procédait que sur une invitation formelle du juge.
Qu'y a-t-il dès lors d'étonnant à ce que l'on parle de „la chose
que le *reus* rend sur la proposition (voire sur l'ordre) du *judex*"
ou que l'on dise que „le juge ordonnera au défendeur d'effectuer
telle prestation pour avoir droit à l'absolution"? Il ne suffit pas,
croyons-nous, d'arguer de la présence du verbe *jubere* (dont on
peut du reste contester le sens) pour affirmer qu'après *l'arbitrium*,
le juge intimait séparément au défendeur l'ordre de restituer ou
d'exhiber. „Le juge est un simple particulier chargé d'exprimer
un sentiment (*sententia*); tout le pouvoir que lui donne la *clausula
arbitraria* c'est de *signaler* au défendeur un acte dont l'accomplissement modifierait ce sentiment" (Girard, *op. cit.*, p. 988), et
ceci constituait *l'arbitrium* ou *l'arbitratus*. Il faut remarquer, en
outre, qu'il n'y a d'autres traces du *jussus* que dans les textes
cités où, d'ailleurs, *il se confond avec l'arbitrium* (Cf. Gimmerthal, *op. cit.*, p. 39) et où l'emploi des termes rapportés était
peut-être motivé par des raison spéciales (*Ibidem*). De plus,
comment expliquer son absence dans les actions Publicienne, *de
eo quod certo loco* et *de dolo* (*Idem*, p. 38), pendant que *l'arbitrium*

lui convenait le plus[1]): se conformer à l'invitation du juge, ou refuser d'en tenir compte (*contumacia*). En ce cas seulement, le *judex* le condamnait à payer la valeur de la chose litigieuse (*quanti ea res erit*). Cette valeur était estimée par le serment du demandeur (*jusjurandum in litem*) qui ne pouvait parfois dépasser une certaine limite (*taxatio*): „. . . *possit per contumaciam suam tanti reus condemnari, quanti actor in litem juraverit: sed officio judicis debet . . . taxatione jusjurandum refrenari*[2]).“

Le trait le plus saillant du système en est la *clausula*

---

est inséparable de toute action arbitraire? — Il est difficile de conclure, mais ne pourrait-on pas, en présence d'un texte où il n'est pas question de *jussus* mais de *judicium de re restituenda,* et de quelques autres, facilement explicables, supposer que le *jussus* n'était pas séparé de *l'arbitrium,* ou, plutôt, que l'on désigne sous le nom de *jussus l'arbitrium,* une fois que le défendeur en avait pris connaissance? Cf. les expressions *arbitrium* (et non pas *jussus*) *judicis in restituenda re,* D., 4, 2, *q. met. c. gest. e.,* 14,5 et *rem arbitrabitur judex mihi restitui,* D., 6,1, *de rei vind.,* 35,1). Bien entendu *l'arbitrium* ne pouvait avoir d'effet si le défendeur n'en avait pas été informé, et le juge, en fixant la satisfaction dont l'accomplissement absolvait le *reus,* la lui faisait forcément connaître. Cette simple information se concilie bien mieux qu'un ordre avec le caractère purement volontaire de la *formula arbitraria.* Nous croyons donc que le juge ne disait pas: 1. Voici *l'arbitrium* qu'il m'a semblé juste de fixer, 2. Je t'ordonne d'y obéir, mais: Tel est *l'arbitrium* que j'estime nécessaire pour pouvoir t'absoudre.

[1]) La meilleure preuve que le défendeur n'était pas obligé d'exécuter *l'arbitrium* nous est fournie par l'interpolation évidente du seul texte qui dise le contraire, texte dont nous avons déjà eu l'occasion de parler (D., 6, 1, *de rei vind.,* 68). Les jurisconsultes présentent toujours l'accomplissement de *l'arbitrium* comme une simple faculté offerte au *reus.* Ulpien est particulièrement précis sur ce point: „. . . *ut daret ei restituendi facultatem si vult pœnam evitare*“ dit-il au D., 4, 2, *q. met. c. gest. e* 14, pr.; et au § 4 du même fragment: „*habet reus licentiam, usque ad sententiam ab arbitro datam, restitutionem . . . rei facere*“. Cf. D., 46, 1, *de fidejus. et mand.,* 73; 47, 2, *de furt.,* 9, 1.

[2]) Paul, au D., 4, 3, *de dolo m.,* 18, pr.

arbitraria. Nous examinerons donc cette partie de la formule avant de passer aux autres. On peut, à ce sujet, se poser les questions suivantes: 1) Quelle place occupait la clause arbitraire dans la formule? 2) Faut-il y voir le signe extérieur auquel on peut reconnaître le caractère arbitraire d'une action?

En ce qui concerne le premier point, si l'on se reporte aux exemples cités tout à l'heure, on observera que la *clausula arbitraria* n'était pas rédigée d'une façon uniforme. Etait-elle du moins placée au même endroit de la formule? Savigny ne le croyait pas[1]). Dans les exemples de Cicéron, dit-il, on ne la trouve que dans *l'intentio*; un fragment d'Ulpien pour l'action *quod metus causa*[2]) et un passage de Gaius (IV, 47) pour l'action *depositi in factum*, lui assignent la même place. Mais, toujours selon Gaius, l'action *depositi in jus concepta* aurait eu sa clause arbitraire dans la *condemnatio* (*Ibidem*). Cette affirmation se basait sur le déchiffrage de deux lettres du manuscrit de Gaius, fait par Huschke, en 1830. Voici la seconde phrase du C. IV, paragraphe 47: „*Illa enim formula quæ ita concepta est*: **Judex esto. Quod A. Agerius apud N. Negidium mensam argenteam deposuit, qua de re agitur, quidquid ob eam rem N. Negidium A. Agerio dare facere oportet ex fide bona, ejus judex N. Negidium A. Agerio condemnato n. r. si non paret, absolvito,** *in jus concepta est*". Huschke était parvenu à faire apparaître sur cette page fort mal conservée du palimpseste les lettres *N. R.* qu'on n'avait pas pu distinguer jusqu'alors. Il s'agissait de découvrir leur sens. Ainsi que cela arrive généralement en pareil cas,[3]) les romanistes ne

---

[1]) V. Savigny, *System*, t. V, § 221, p. 124, n. *g*.

[2]) D., 4, 2, *q. met. c. gest. e.*, 14, 11: „*hoc fit his verbis Edicti*, **neque ea res arbitrio judicis restituetur**".

[3]) V. un autre exemple à propos des lettres *R. A. Q. E. I. E.* (*restitutus antequam ex jure exeas*), Lenel, *op. cit.*, t. II, p. 189 et Rudorff, *Zeitschrift für Rechtsgeschichte*, t. III (1863), p. 6 et suiv.

furent pas d'accord. Huschke, proposa, en se basant
sur l'économie générale des actions arbitraires, d'y lire
nisi restituet ou *restituat*[1]) et cette opinion fut presqu'
unanimement adoptée, à l'encontre de celle d'Ubbelohde
qui, plus tard, soutint la version *numeratam pecuniam.*

La leçon de Huschke présentait d'autant plus de
vraisemblance, que certains textes paraissent la con-
firmer. Ulpien dit au Digeste: „*Si res deposita sine
dolo malo amissa sit, et post judicium acceptum recupera-
retur, nihilominus recte ad restitutionem reum compelli,
nec debere absolvi nisi restituat*".[2]) Modestin emploie
également les expressions: *res non potest restitui, si res
non restituetur*[3]). Enfin, le manuscrit de Valerius
Probus, d'Einsiedeln, explique, au No. 18, l'abréviation *N. R.* par *nisi restituetur*[4]). Néanmoins, depuis
quelque temps, une autre opinion tend à s'accréditer,
suivant laquelle il n'y aurait là qu'une erreur de copiste.
Toute la fin de la formule est indiquée en initiales; il
est possible qu'ayant à transcrire *S. N. P. A.*, le scribe
y ait ajouté, par inattention, deux lettres de plus, *N.
R. S. N. P. A.* M. Lenel ne peut admettre un *nisi
restituat* „avec une intentio basée sur un quidquid dare
facere oportere"[5]). Mais la raison capitale, c'est que,
si cette clause arbitraire avait vraiment existé dans
l'*actio depositi in jus,* sa place aurait été avant et non
après la condamnation, car elle est un complément nécessaire de l'absolution, non de la *condemnatio*[6]). On
doit donc répondre à la première de nos questions que
la *clausula arbitraria* changeait d'aspect d'après la for-

---

[1]) V. Huschke, *Studien des römischen Rechts* (1830), p. 316.

[2]) D., 16, 3, *dep. v. c.*, 1, 21. C'est sur ce texte que Huschke
se fondait en grande partie. Cf. sa 5e éd. de Gaius (1886), p. 362.

[3]) D., *h. t.*, 22.

[4]) V. Girard, *Textes*, p. 173.

[5]) Lenel, *op. cit.* t. II, p. 2, n. 5.

[6]) *Ibid.* Cf. Girard; *Manuel*, p 987, n. 1 *in fine*, qui conclut
au caractère non-arbitraire des actions *depositi* et *commodati in jus.*

mule de l'action employée, mais qu'elle était invariablement placée avant la *condemnatio.*

La seconde question, on s'en souvient, porte sur le point de savoir si la clause arbitraire constitue réelement un signalement extérieur et apparent, une marque distinctive grâce à laquelle l'action arbitraire est immédiatement reconnaissable. Savigny avait soutenu cela jadis[1]) et on acceptait cette doctrine de confiance. Il faut convenir que l'idée paraît, à première vue, très séduisante, car la plupart des formules arbitraires contiennent bien en évidence les mots *neque arbitrio tuo restituetur* ou quelque autre expression analogue. Pourtant, une objection vient tout naturellement à l'esprit: S'il y avait là un indice *ne varietur*, un véritable critérium, ces paroles devraient toujours être les mêmes. Or, on a vu qu'il n'en était rien. Peu importe la forme du moment que le sens y est, répondra-t-on. Mais en ce cas on risquerait de tomber dans de graves erreurs puisqu'ainsi que nous le démontrerons, il faudrait considérer comme arbitraires, uniquement à cause d'un semblant de *clausula arbitraria* inseré dans leur formule, deux actions qui ne le sont sûrement pas. Il s'agit des actions *de recepto* et *in publicanos.*

Ulpien nous a conservé les termes de l'édit qui promettait la première: „*Ait prætor:* **Nautae, caupones stabularii quod cujusque salvum fore receperint, nisi restituent, in eos judicium dabo**".[2]) La formule était presque certainement ainsi conçue: *S. p. N^m N^m eum navem exerceret A^i A^i res q. d. a. salvas fore recipisse neque restituisse q. e. r. e., t. p., judex, N^m N^m A^o A^o c. s. n. p. a.*[3]) Le même jurisconsulte nous rapporte les termes de l'édit pour l'action *in publicanos:* „*Ait prætor:*

---

[1]) V. Savigny, *loc. cit.*

[2]) D., 4, 9, *Naut. caup. stab. u. r. r.,* 1, pr.

[3]) V. Rudorff, *De jurisdictione edictum* (1869), § 47. Lenel, *op. cit.,* t. I, p. 148.

Quod publicanus, ejus publici nomine, vi ademerit, quodve familia publicanorum, si id restitutum non erit, in duplum ... judicium dabo".[1]) La formule de cette action devait, selon M. Lenel, être calquée sur les termes de l'édit.[2]) Voici par conséquent deux formules contenant *nisi restituent* ou *si id restitutum non erit* et qui ne sont cependant pas des formules arbitraires. La prétendue caractéristique de la formule arbitraire n'en est donc pas une.[3])

Nous avons dit qu'au moyen de la *clausula arbitraria*, le magistrat élargissait sensiblement *l'officium judicis*, c'est à dire qu'il accordait au juge le pouvoir de fixer une satisfaction que le défendeur devait exécuter sous peine de se voir condamner. En quoi consistait cette satisfaction arbitrée *ex bono et æquo?*[4]) Les Institutes

---

[1]) D., 39, 4, *de public. et vect. et c.*, 1, pr.

[2]) A. Lenel, *op. cit.*; t. II, p. 119.

[3]) V. Gimmerthal, *op. cit.*, pp. 35—37. *Contra*, Rudorff, *op. cit.*, t. II, p. 155.

[4]) Certains auteurs se sont demandé s'il n'y avait pas antinomie entre les actions arbitraires et les actions de bonne foi, en interprétant d'une façon inexacte un texte du Digeste où l'on mentionne séparément ces deux classes: „*In his quoque judiciis, quæ non sunt arbitraria nec bona fidei*" (D., 22, 1, *de usur. et fr.*, 3, 1) et le commencement du § 31, t. 6, 1. 4, des Institutes où, après l'exposé des règles spéciales aux actions de bonne foi, il est dit: „*Præterea quasdam actiones, etc.*". D'autre part, la mention *ex bono et æquo* du même § 31 pourrait faire croire à une identité des actions de bonne foi et des actions arbitraires, ce qui serait une nouvelle erreur. Nous renvoyons pour tout ceci à l'ouvrage de M. Salanson, pp. 21—26. Nous ne partageons cependant pas complètement l'avis de l'auteur; nous n'admettons pas p. ex. lo caractère arbitraire de l'action *negotiorum gestorum*, de l'action *præscriptis verbis* et de l'action *rei uxoriæ*. Il faut ajouter, ce que l'on néglige le plus souvent de faire, que les actions arbitraires sont aussi entièrement distinctes des actions *in bonum et æquum conceptæ*, auxquelles on serait encore plus tenté de les assimiler par suite des mots *ex bono et æquo* du § 31. Si les formules des deux catégories d'actions présentent quelque vague ressemblance, il n'en subsiste pas moins de nombreuses différences de fond tenant surtout au caractère pénal

indiquent à ce propos les hypothèses usuelles : „ . . . *actori satisfaciat, veluti rem restituat vel exhibeat vel solvat vel ex noxali causa servum dedat*“ (4, 6, *de act.*, 31). Cette énumération fameuse où les exemples sont cités, semble-t-il, d'après leur fréquence pratique, est au moins inutile puisqu'on déclare auparavant, d'une façon très;générale, que le défendeur devait, pour obtenir l'absolution, *satisfacere* le plaignant — ce qui permettait d'y englober tous les cas individuels, et elle a eu en outre l'inconvénient de faire naître une controverse relativement aux actions noxales.[1])

Il est certain que la forme habituelle de satisfaction prescrite par le *judex* était une restitution, un retransfert de la chose (*si res tradita est, retradatur*[2]). Savigny, qui a mis cette idée en vedette[3]), n'a eu que le tort de vouloir généraliser. Ulpien, dans son commentaire sur l'interdit *ne quid in loco publico vel itinere fiat* explique ce qu'on entendait par le mot *restitutio:* „**Restituas** *inquit.* **Restituere** *videtur, qui in pristinum statum reducit; quod fit, sive quis tollit id quod factum est, vel reponat*

---

des actions *in bonum et æquum conceptæ*. V. à ce sujet l'excellente étude de M. P. Thomas (*Nouvelle Revue Historique*, t. XXV, p. 541 et suiv.; en brochure, surtout pp. 23 et suiv., 38 et suiv.).

[1]) On a voulu conclure des mots *vel ex noxali causa servum dedat* que toutes les actions noxales étaient arbitraires, puisqu'elles paraissaient mentionnées sur la liste des Institutes. Sohm (*Institutionen des römischen Rechts*, 2e. éd., 1887, p. 169, n. 4) et Girard (*Les actions noxales; Nouvelle Revue Historique*, 1887, p. 448) n'ont pas eu de peine à démontrer l'inexactitude de cette assertion, car „ce paragraphe ne dit pas du tout que toutes les actions noxales sont arbitraires; il dit seulement que, dans les actions arbitraires, l'*arbitratus judicis* peut prescrire un abandon noxal; il perd toute force probante si l'on peut trouver des actions arbitraires quelconques où un abandon noxal soit prescrit“ (Girard, *loc. cit.*), ce qui arrivait parfois dans la pétition d'hérédité (D., 5, 3, *de hered. pet.*, 40, 4).

[2]) Ulpien, D., 4, 2, *q. met. c. gest. e.*, 9, 7.

[3]) Savigny, *op. cit.*, t. V, § 221, p. 128.

quod sublatum est . . .“ [1]). Nous n'examinerons pas
quelle était la restitution nécessaire pour chaque cas
particulier, car cela nous forcerait à rentrer dans une
foule de détails de peu d'importance et n'offrant aucune
difficulté, puisque presque tout a minutieusement été
réglé par les jurisconsultes romains. Contentons-nous
de dire que la restitution était le plus souvent prise
dans un sens assez large et qu'elle s'appliquait aussi
bien au principal qu'à l'accessoire, à la chose qu'aux
fruits. Le défendeur restituait la chose *„cum fructibus
et omni causa“* [2]), c'est à dire avec les fruits et les plus-
values (en tenant compte de ce qu'il avait consommé
et de sa bonne foi), „en un mot, avec tous les avantages que le demandeur eût retiré de la chose s'il avait
eu satisfaction au moment de la *litis contestatio“* [3]). La
fraus et le *dolus* y jouaient également un rôle.

Après la restitution, les Institutes mentionnent
l'exhibition, probablement à cause de la grande ressemblance qu'il y avait entre le fait d'exhiber et celui de
restituer la chose, le premier servant ordinairement de
préliminaire au second[4]). Si la restitution visait tous

---

[1]) D., 43, 8, *ne q. i. loco publ. v. it. f.*, 2, 43. Cf. Pomponius,
D. 50, 17, *de verb. sign.*, 246, 1: *„Restituit non tantum qui solum
corpus, sed etiam qui omnem rem conditionemque reddita causa
præstet, et tota restitutio juris est interpretatio“.*

[2]) Ulpien, D., 4, 2, *q. met. c. gest. e.*, 14, 7.

[3]) Salanson, *op. cit*, p. 33. V. sur toutes ces questions les
pp. 32—40.

[4]) V. Demelius, *Die Exhibitionspflicht* (1872), p. 9 et suiv.,
26 et suiv. Bekker, *op. cit.*, t. I, p. 226. Lenel, *op. cit.*, t. I,
p. 253. La similitude de la *rei vindicatio* et de l'action *ad exhibendum*
se manifeste, entre autres, dans la *condemnatio* de leurs formules
qui est identique (Gaius, IV, 51). Sur la correspondance des
particularités de *is qui dolo desiit possidere* au cas de restitution
et de celui *qui minus possidet* au cas d'exhibition, v. Pernice,
Labeo, römisches Privatrecht im ersten Jahrhundert der Kaiserzeit,
t. II, 2, 1 (2e éd., 1900), pp. 67—93: Demelius, *op. cit.*, pp. 86

les cas qui se rattachaient aux *vindicationes*, l'exhibition, comme son nom l'indique, était la satisfaction arbitrée dans les nombreuses hypothèses où, avant d'intenter l'action principale (*directum judicium, directa actio*)[1], on s'assurait que la chose était bien détenue par telle personne, où, avant de contester la propriété de cette chose, on contrôlait son existence dans le patrimoine du défendeur en intentant l'*actio ad exhibendum*[2].

Le troisième exemple de la liste est relatif à un paiement (*vel solvat*). Le paiement était principalement choisi comme *arbitratus* dans l'action *de eo quod certo loco* et dans les actions Servienne et quasi-Servienne. En ce qui concerne la première, le juge pouvait condamner le défendeur à payer à Rome une somme qui, selon les circonstances, était supérieure ou inférieure à la somme originairement promise à Ephèse. „*Quod si rei interest*, dit Ulpien, *minoris fit pecuniæ condemnatio quam intentatum est, aut si actoris, majoris pecuniæ fiat*[3])." Il pouvait aussi arbitrer une simple caution: „*absolvere reum debet, cautione ab eo exacta de pecunia ibi solvenda, ubi promissa est*"[4]). Pour ce qui est des actions Servienne et quasi-Servienne, Marcien pense que le défendeur „*si vero possideat et aut pecuniam solvat aut rem restituat, æque absolvendum est*"[5]). Papinien parle également de „*soluta pecunia*"[6]). Cette possibilité de paiement

et ss.; Lenel, *loc. cit.*, p. 252, — Gaius, D., 50, 16, *de verb. signif.*, **22**, cite également, pour les comparer, la restitution et l'exhibition.

[1]) D., 10, *ad exhib,*, 3, 13 et fr. 17.

[2]) L'action *ad exhibendum* préparait donc la revendication. Elle la remplaçait aussi lorsque, pour certains motifs, la revendication n'était pas recevable. „*Gemma inclusa auro alieno*, dit Paul, *vel sigillum candelabro, vindicari non potest; sed, ut excludatur, ad exhibendum agi potest*". D. *h. t.*, 6.

[3]) D., 13, 4, *de eo q. cert. loc. dar. op.*, 2, pr.

[4]) Ulpien, D., *h. t.*, 4.

[5]) D., 20, 1, *de pign. et hyp.*, 16, 3.

[6]) D., 21, 2, *de evict. et d. st.* 66, pr.

n'implique cependant pas, comme l'a fort bien démontré M. Lenel contre l'avis de Bachofen et de Rudorff, l'adjonction des mots *aut pecuniam solvat* au *nisi restituat* de la formule[1]). — Rappelons, avant d'en finir, que Gimmerthal a soutenu que les Instituts ne faisaient nulle allusion aux actions que l'on vient de voir et que l'expression *vel solvat* signifie seulement que le défendeur devait restituter ou payer la *litis æstimatio*, que *vel solvat* équivaut par conséquent à *vel satisfaciat*[2]). La dernière réflection est parfaitement exacte. Gimmerthal aurait même pu aller plus loin et affirmer hardiment que les trois autres exemples des Instituts: *vel restituat, vel exhibeat* et *vel servum dedat* correspondaient tous à *satisfaciat*, puisque ces différentes hypothèses ne servent qu'à expliquer, qu'à mieux préciser le terme un peu général du début. Mais quelle est la conclusion qu'on prétend en tirer? Qu'il y a là une simple redondance? Ce serait une supposition tout à fait gratuite. Nous croyons qu'il faut considérer ce *vel solvat* comme un exemple fourni à propos des formes que pouvait prendre l'*arbitratus judicis* et qui, avec les trois autres, complète le sens de *actori satisfaciat*. Il n'y est donc pas question du paiement de la *litis æstimatio*, mais du paiement proposé comme *arbitratus*.

Reste l'abandon noxal de l'esclave. On sait quelle est sa portée exacte. Cet exemple prouve que les actions noxales pouvaient parfois devenir arbitraires; ceci arrivait, par exemple, chaque fois qu'une action arbitraire était intentée contre une personne *alieni juris*[3]).

En somme, le défendeur devait, pour être absous, effectuer la prestation qui lui était fixée par le *judex*. Mais qu'advenait-il s'il ne l'effectuait pas? Le non-

---

[1]) Lenel, *op. cit.*, t. II, p. 243.
[2]) Gimmerthal, *op. cit.*, p. 20.
[3]) V. Girard, *op. cit.*, p. 987, n. 1 *in fine*.

accomplissement de la satisfaction prescrite entraînait condamnation. Tel était le principe. Toutefois, des tempéraments équitables y avaient été apportés. Il n'eût pas été juste, en effet, qu'une exécution entravée par des difficultés de fait, indépendantes de la volonté du défendeur, déterminât une condamnation qui, dans les actions arbitraires, était moins une réparation accordée au demandeur qu'un moyen extrême employé après l'insuccès d'un arrangement amiable. Certaines circonstances pouvaient même écarter la condamnation au cas d'inexécution absolue et définitive.

Il arrivait assez fréquemment que le *reus*, tout en acceptant l'*arbitratus*, demandât un délai. Si cette prétention était justifiée, si, par exemple, l'éloignement de la chose sujette à restitution s'opposait à une livraison immédiate, le défendeur pouvait, en offrant une caution, obtenir le terme sollicité. Un texte de Marcien ne laisse aucun doute à cet égard: „*Sed si velit restituere. nec possit, forte quod res abest et longe est, vel in provinciis, solet cautionibus rem explicari: nam si caverit se restiturum, absolvitur*[1])". Les Institutes envisagent une hypothèse analogue et permettent au juge d'accéder au désir du défendeur, à condition pour celui-ci de démontrer qu'il y avait des raisons sérieuses pour surseoir et que ce retard ne causait pas de préjudice au demandeur, à condition également de trouver un fidéjusseur: „*Si possessor neget in præsenti se restituere posse, et sine frustatione videbitur tempus restituendi causa petere, indulgendum est ei, ut tamen de litis æstimatione caveat cum fidejussore . . .*"[2]).

---

[1]) D., 20, 1, *de pign. et hyp.*, 16, 3.

[2]) J., 4, 17, *de off. jud.*, 2. Cf. Ulpien, D., 42, 2, *de confes.*, 6, 2: „*Dabitur . . . confesso tempus ad restitutionem*", et D., 10, 4: *ad exhib.*, 5, 6. L'exemple cité par Salanson, *op. cit.*, p. 42 et se rapportant au D., 6, 1, *de rei vind.*, 27, 4, ne nous paraît pas avoir précisément en vue notre hypothèse, mais plutôt le défaut du défendeur (*et is . . . rei judicandæ tempore absit*).

Lorsque le défendeur ne pouvait restituer, sans qu'il y ait eu dol ou faute de sa part, le juge le condamnait simplement à payer les accessoires de la chose. Si cependant il avait résisté au demandeur en sachant que sa résistance n'était pas fondée, il était, selon les règles du droit commun, assimilé au défendeur mis en demeure[1]).

L'absolution accordée au défendeur de bonne foi qui était dans l'impossibilité de restituer ne le déchargeait pas de toute obligation; certains jurisconsultes voulaient qu'il cédât au moins ses actions, d'autres exigeaient qu'il s'engageât à rendre éventuellement la chose elle-même: „ . . . *actor ei actionibus suis cedat . . . etsi non cogitur cavere de persequenda re, tamen cavere debere possessorem, si rem nanctus fuerit, ut eam restituat*"[2]).

Quant au défendeur qui s'était mis dans l'impossibilité de restituer par son dol, il était condamné, et le montant de sa condamnation était fixé par l'autre partie, sous serment; comme la même solution intervenait au cas de refus d'exécuter l'*arbitrium*, nous étudierons cela plus loin. La non-restitution provenant de la simple faute du défendeur emportait également condamnation, mais cette condamnation était plus légère, car elle était fixée par le juge et non plus par l'adversaire: „*ex culpa autem*, dit Ulpien, *non esse jusjurandum deferendum, constat: sed æstimationem a judice faciendam*"[3]).

On a pu se convaincre, après ces quelques détails, que la condamnation n'était pas la suite forcée, implacable, de l'inexécution de l'*arbitratus*. Selon la très

---

[1]) Cf. Paul, D., 5, 3, *de hered. pet,,* 40, pr. Ulpien, D., 6, 1, *de rei vind..*, 15, 3. V. sur ces questions Salanson, *op. cit.*, p. 43.

[2]) Paul, D., 6, 1, *de rei vind.,* 21. Cf. Papinien, *h. t.,* 63.

[3]) D., 12, 3, *de in lit. jur.,* 4. 4. Gérardin, à son cours de Pandectes sur *Le serment* (année 1900—1901). Cf. Marcien, *h. t.,* 5, 3.

juste remarque de M. Bekker, le juge pouvait absoudre
le défendeur non seulement lorsqu'il avait été procédé
à une restitution effective, à une exhibition, ou à telle
autre satisfaction analogue, mais chaque fois que l'„on
en était arrivé à un résultat qui, d'après le droit commun,
était de nature à éteindre le droit déduit en justice.“
Le but poursuivi était bien en principe la restitution
de la chose ou, d'une façon plus large, la satisfaction
du demandeur, mais la perte de l'objet non-imputable
au *reus*, d'autres fois une simple caution, aboutissaient
à un résultat identique: l'absolution du défendeur. La
formule délivrée par le magistrat ne pouvait, cela se
comprend, insister sur ces questions accessoires; toutefois les mots *si paret restitui, exhiberi*, etc. *oportere*,
étaient suffisants pour élargir l'*officium judicis* et auto-
riser implicitement le *judex* à statuer dans le sens qui
lui semblerait le plus équitable[1]).

Après avoir pris connaissance de l'*arbitratus*, le
défendeur pouvait prendre l'un des deux partis suivants:
exécuter la satisfaction prescrite par le *judex*, ce qui lui
donnait droit à l'absolution; refuser de l'accomplir, et ceci le
faisait inévitablement condamner. Cette condamnation
consistait en un paiement de la valeur vénale de la
chose considérée au jour du jugement[2]): *quanti ea res erit*[3]),

---

[1]) Bekker, *Actionen*, t. II, p. 142. — Le défaut de restitution
résultant de la perte de la chose ne pouvait se produire qu'après
le prononcé de l'*arbitratus* car, si le juge savait que la chose avait
péri, il ne rendait plus un *arbitratus* qui eût été impossible d'
accomplir. La réflexion a déjà été faite par Reinhardt dans ses
Ergänzungen des Pandectes de Glück (1835), t. II, p. 135. Cf.
Paul, D. 4, 3, *de dolo m.*, 18, 1.

[2]) Cf. Cuq, *Institutions*, t. II, p. 738, n. 4.

[3]) Savigny, *op. cit.*, t. V, ap. *XII*, pp. 442—461, avait soutenu
que *res* signifiait anciennement valeur de la chose ou prix de la
marchandise, mais que, plus tard, cela finit par se confondre avec
interesse. Gimmerthal, *op. cit*, pp. 40—41, tente de le réfuter en
citant des textes où *quanti ea res erit* est opposé à *quanti interest*:

tantam pecuniam, judex, $N^m N^m A^o A^o$ condemna, disait
la formule

Comment la valeur de la chose était-elle déterminée? De
nombreux textes du titre du Digeste *de in litem jurando*
établissent que le demandeur en fixait le chiffre sous
la foi du serment.[1] La même sanction rigoureuse
(*pæna* disent Paul et Javolenus)[2] frappait donc le défendeur qui s'était mis par son dol dans l'impossibilité
de restituer et celui qui refusait d'exécuter *l'arbitratus*;
Paul, au fragment 2 de ce titre, rapproche d'une façon
très significative le *dolus* de la *contumacia non restituentis
vel exhibentis.*

La mesure prise contre le *contumax* n'était cependant
pas appliquée avec une sévérité excessive, car il eût
été inique de livrer le défendeur, même coupable, à la
merci de son adversaire. Ce dernier, par ressentiment,
ou par une tendance assez naturelle de grossir le dommage subi, aurait presque toujours estimé la chose au
dessus de sa valeur réele: „*ex contumacia,* remarque
Ulpien (h. t., 1), *æstimatur ultra rei pretium.*“ Il n'y
avait qu'un moyen d'empêcher cela, c'était de fixer un
maximum que le serment du demandeur ne pouvait dépasser, c'était d'imaginer le *jusjurandum cum taxatione*
dans lequel „*judex potest præfinire certam summam usque*

D., 2, 3, *si quis in jus dic.,* 1, 4; 27, 3, *de tutela et ration. distr.,*
1, 20; 10, 4, *ad exhib.,* 9, 8; 50, 16, *de verb signif.,* 179. Il recon-
naît cependant qu'on finit par élargir la notion primitive d'abord
pour certains dommages (D., 9, 2, *ad leg. Aquil.,* 21, 2; 39, 2, *de
damno inf.,* 4, 7), ensuite pour certaines actions en restitution (D.,
6, 1, *de rei vind.,* 68; 43, 24 *q. vi aut cl.,* 15, 7 et 9; 43, 16 *de
vi et vi arm.,* 6; 43, 17, *uti pos.,* 3, 11). S'il arrive que *quanti
ea res est* soit précisément expliqué par *quanti interest,* (cf. D., 6, 1,
de rei vind., 68,), cela ne vise pas, dit-il, l'intérêt entier et indirect
du demandeur, mais uniquement le *modus* de l'*arbitrium* confié
au juge.

[1] D., 12, 3, *de in lit jur.,* fr. 1, fr. 2, fr. 4, fr. 5.

[2] D., 46, 1, *de fidejus. et mand.,* 73; 35, 2, *ad leg. Falcid.,* 60, 1.

ad quam juretur"[1]. Le fameux fragment 68 du titre *de rei vindicatione*, qui a été, comme on le sait, considérablement remanié par Tribonien, parle bien d'un serment *sine ulla taxatione, in infinitum*[2]), pour la non-restitution de l'objet revendiqué et affirme même que *hæc sententia generalis est*, mais le texte est suspect et il ne faut y voir qu'une retouche maladroite des compilateurs du Digeste. Par contre, la *taxatio* est expressément mentionnée par Marcien pour les actions réeles, *ad exhibendum* et *bonæ fidei*[3]), par Paul pour les actions *de dolo* et *quod metus causa*[4]), par Justinien, au Code, pour l'interdit *unde vi*[5]). Le défendeur pouvait être l'objet de mesures plus bienveillantes encore lorsque le *judex* le trouvait digne d'interêt. Le juge avait, en effet, la faculté de diminuer le chiffre de la condamnation même après un serment *cum taxatione*, ou bien d'absoudre complètement le *reus*: „*item et si juratum fuerit, licet judici vel absolvere, vel minoris condemnare*[6])." L'absolution du défendeur était également certaine si des faits nouveaux venaient à être révélés en sa faveur: „*et magis est, ut ex magna causa, et postea repertis probationibus possit (reum absolvere)*"[7]).

Le *jusjurandum in litem* des actions arbitraires a donné lieu à certaines controverses. Un point doit, dès le début, être mis hors de discussion, c'est que l'évaluation de la *condemnatio* par le serment du demandeur

---

[1]) Marcien, au D., 12, 3, *de in lit. jur.*, 5, 1.

[2]) Ulpien dit aussi „*jurare autem in infinitum licet*" (D., *h. t.*, 4, 2), mais il ajoute immédiatement: „*judex modum jurijurando statuere possit, ut intra certam quantitatem juretur*". Accarias, *Précis de droit romain*, 3e éd., t. II, p. 1377, suivi par Salanson, *op cit.*, p. 46, avait soutenu le serment *in infinitum* pour les actions réeles.

[3]) D, *h. t.*, 5, pr. Cf. D., 10, 4, *ad exhib.*, 3. 2.

[4]) D., 4, 3, *de dolo m.*, 18, pr.

[5]) C., 8, 4, *unde vi*, 9.

[6]) D., 12, 3, *de in lit. jur.*, 5. 2.

[7]) Ulpien, D, *h. t.* 4, 3.

n'est pas un caractère propre aux seules actions arbitraires, puisque cette estimation sous serment était également employée dans les *judicia bonæ fidei*[1]). Ceci ne peut offrir aucune difficulté. Mais les complications surgissent dès que l'on aborde une question voisine: le *jusjurandum in litem* etait-il employé dans *toutes* les actions arbitraires? La négative a été soutenue par Schröder et Gimmerthal et il faut convenir que leurs arguments sont très sérieux.

Quels sont les textes, dit-on dans cette opinion, sur lesquels on se base pour affirmer l'existence du serment *in litem* dans toutes les actions arbitraires? Le fragment 5, pr., de ce titre: *„In actionibus in rem, et in ad exhibendum, et in bonæ fidei judiciis in litem juratur“*. On remaiquera qu'il n'y est question que des actions réeles, *ad exhibendum*, et de bonne foi. Le doute est dissipé à l'égard des actions arbitraires qui sont réeles. Or, il y en a d'autres qui sont personnelles. Que décider pour celles-ci? Les textes ne mentionnent le *jusjurandum in litem* qu'à propos des actions *ad exhibendum, de dolo* et *quod metus causa*. Si l'on étend cette règle spéciale à toutes les autres actions arbitraires personnelles, on va au delà des textes et l'on émet une supposition dénuée de fondement. Schröder concluait d'une étude approfondie du titre *de in litem jurando* que tous les exemples qui s'y trouvent se rapportent à des actions de bonne foi où il s'agit d'une restitution. On y cite, par exemple, les actions *tutelæ* et *depositi*. D'autre part, le *jusjurandum in litem* n'existe pas pour l'action *depositi contraria: „in quo judicio merito in litem non juratur“* dit Ulpien[2]). Pourquoi cette différence? Parce que, dans l'action *depositi contraria*, le but poursuivi n'est plus, comme dans l'action directe, la restitution

---

1) Cf. Bekker, *op. cit.*, t. II, p. 140, n. 17.
2) D., 16, 3, *depos. vel contra*, 5, pr.

de l'objet, mais une simple compensation, un recouvrement de valeur[1]). Gimmerthal va plus loin et prétend
démontrer, avec preuves à l'appui, que même dans les
actions de bonne foi où la *contumacia* et le *dolus* du
défendeur justifiaient le serment, il s'agissait quand
même d'une restitution de propriété. Un passage de
Marcellus paraît, pour un cas particulier, vouloir dire
le contraire: „*Qui servum conductum, vel aliam rem (non
immobilem) non res ituit, quanti in litem juratum fuerit
damnabitur*"[2]). L'exception apparente apportée au sujet
de immeubles ne doit pas nous tromper, car le texte
est douteux et les mot *non immobilem* ne figurent pas
dans certains manuscrits[3]).

Cette argumentation est très serrée, mais elle
s'étend trop sur les actions de bonne foi et pas assez
sur les actions arbitraires. Nous lui reprochons aussi
de procéder par analogie alors qu'il n'y a pas de raison
bien solide pour appliquer à une catégorie d'actions les
constatations faites pour telle autre. Admettons, en
effet, que le serment n'ait réelement fonctionné que
pour les actions de bonne foi qui tendaient à une
restitution. Qu'est-ce qui nous autorise à étendre cela
aux actions arbitraires et à n'accepter le serment que
pour celles d'entre elles qui visaient une *restitutio?*[4])
Rien ne s'oppose au contraire à ce que l'on étende à
un nombre fort restreint de ces actions le *jusjurandem
in litem* formellement mentionné à propos de toutes les
autres. Rappelons que le serment *in litem* est cité pour
toutes les actions réelès, pour les actions *ad exhibendum*,

---

[1]) Schröder, *Zeitschrift für Zivilrecht und Prozeß*, t. VII,
p. 371.

[2]) D. 19, 2, *locati cond.*, 48, 1.

[3]) V. Gimmerthal, *op. cit.*, pp. 40—47.

[4]) Cela est d'autant plus risqué que Marcien (*h. t.*, 5, pr.) fait
figurer parmi les actions arbitraires où le serment était sûrement
employé l'action *ad exhibendum*, dont le but n'était pas d'obtenir
la restitution mais une simple présentation de la chose.

doli et *quod metus causa*, pour l'interdit *unde vi*. Il n'y a donc que bien peu de cas qui restent en dehors et ceux-là aussi y peuvent être rajoutés, pourvu que l'on considère les hypothèses prévues au Digeste comme une liste énumérative et non pas limitative. Enfin, le fragment 2 du titre *de in litem jurando* dit d'une façon générale que la *contumacia* du défendeur le fait condamner à la somme fixée par le serment du demandeur, sans distinction aucune: „ . . . *cum vero . . . contumacia non restituentis, vel non exhibentis, quanti in litem juraverit actor*". — Il semble d'ailleurs que Gimmerthal ne se soit pas autant proposé la démonstration de l'absence du serment *in litem* dans certaines actions arbitraires, que la réfutation de l'ancienne théorie qui voyait dans la condamnation, évaluée de la sorte, une véritable punition, infligée au défendeur afin de vaincre son obstination et pouvant, de ce fait, atteindre un chiffre considérable[1]. Il s'efforce de prouver, et nous avons également soutenu cela, que le *jusjurandum in litem* ne produisait pas des effets aussi absolus qu'on le croirait au premier abord, que la condamnation ne s'élevait pas non plus à une somme excessive, parce qu'elle ne représentait que la valeur de la *res litigiosa*, eu égard peut-être à sa valeur d'affection et au dommage causé, mais non à l'intérêt purement négatif du demandeur[2].

---

[1] Cf. Savigny, *op. cit.*, t. V, p. 123 et p. 124, n. *e*; W. H. Puchta, *Ueber die gerichtlichen Klagen besonders in Streitigkeiten der Landeigenthümer* (1833), § 22, p. 56. Bethmann-Hollweg, *op. cit.*, t. II, p. 289.

[2] Gimmerthal, *op. cit.*, p. 49. Cf. Donneau, *Commentarii juris civilis* (1595—1597), *lib.* 26, *cap.* 15. Glück, *Ausführliche Erläuterung der Pandekten* (1798), com. XII, § 813. — Suivant Walter, *op. cit,.* pp. 46—47, le „*judex* avait à estimer le litige en prenant en considération le chiffre de la demande lorsque la *condemnatio* de la formule n'énonçait pas un chiffre certain". Il cite Cicéron, *Pro Tullio*, 3, § 7: „*Judicium vestrum est, recuperatores, quantæ pecuniæ paret dolo malo familiæ P. Fabi, vi*

Tels sont les principes qui régissent la formule arbitraire. Ces règles sont généralement applicables à toutes les *arbitrariæ actiones*. Il peut se faire que telle action présente certaines particularités qui ne se retrouvent plus chez telle autre, et réciproquement, mais les traits essentiels restent toujours les mêmes: clause élargissant l'*officium judicis; arbitrium;* latitude accordée au défendeur pour exécuter ou ne pas exécuter la satisfaction prescrite par le juge; absolution au premier cas, condamnation à la valeur de la chose, déterminée par le serment du demandeur, dans le second. Une seule action arbitraire déroge à presque tout ce programme; c'est la *condictio* des anciens[1]) ou l'*actio* des modernes *de eo quod certo loco.* Ce n'est pas d'aujourd'hui que l'on insiste sur le caractère étrange, exceptionnel, de l'action *de eo quod certo loco.* Savigny avait déjà formulé cette observation et énuméré les principales différences qui séparent notre action du restant des actions arbitraires[2]). Bien que le plan de notre étude ne comporte pas une analyse particulière de l'action *de eo quod certo loco* et que ce sujet possède une littérature assez abondante[3]), nous croyons utile d'en fixer les points les plus importants.

---

hominibus armatis coactisve, damnum datum esse **M. Tullio.** *Ejus rei taxatione nos fecimus; æstimatio vestra est . . ."* Nous croyons préférable de faire rentrer ce cas dans les hypothèses où, selon l'expression de Gimmerthal, le dommage causé entre en ligne de compte.

[1]) P. ex. Lauterbach, Höpfner, Huber, Glück, cités par Cohn, *Die sogenannte actio de eo quod certo loco* (1877), p. 150, n. 1.

[2]) Savigny, *op. cit.,* t. V, § 223, p. 132.

[3]) L'ouvrage principal est celui de Cohn, déjà cité. V. également: Ziebarth, *Die Realexecution und die Obligation* (1866), § 9, n. 4; Treptow, *Zur Lehre von der actio de eo quod certo loco* (1875); Lenel, *Beiträge,* p. 55 et suiv., *Edit,* t. I, pp. 277 à 285; Puntschart, *Grünhut's Zeitschrift,* t. VI, p. 419 et ss.;

L'hypothèse pour laquelle cette action avait été créée, et dont nous empruntons l'exemple à une récente dissertation de M. Gradenwitz, était la suivante: Un créancier stipule de son débiteur le paiement d'une somme X *pure* à Ephèse. Le demandeur obtiendra gain de cause s'il réclame *pure* (et non *adjecto loco*) X à Ephèse; à Rome, il eût été débouté, *causa cadebat.* Il pouvait cependant se faire que le *reus*, ne bougeant pas de Rome, obligeât le demandeur à intenter son action à cet endroit. Si le plaignant avait eu la précaution d'agir *adjecto loco*, le magistrat lui délivrait la formule: *si paret X Ephesi dari oportere, X condemna.* Cette formule assurait le triomphe du demandeur, car le juge, en vérifiant l'*intentio*, pouvait constater le bien fondé de sa prétention. Mais le défendeur n'eût pas manqué de contester la légitimité du droit de son adversaire en alléguant qu'il avait promis X à Ephèse et non à Rome, qu'un paiement effectué à un endroit différent le léserait, et que la demande dirigée contre lui commettait une *plus petitio.* Il eût été certainement injuste de forcer le défendeur à exécuter un engagement plus lourd que celui qu'il avait pris; il eût été tout aussi injuste, d'autre part, de priver le créancier de l'unique moyen qui lui permettait de rentrer dans ses débours. Pour trancher équitablement ce différend, le magistrat n'avait qu'une seule ressource, c'était de laisser au *judex* le soin d'estimer la somme qu'il convenait de faire payer au défendeur, en lui ordonnant de tenir compte de la différence de lieu. Là apparaissait l'utilité de l'action *de eo quod certo loco dari oportet.*[1]

La formule de cette action suscite de vives dis-

Windscheid, *op. cit.*, t. I, p. 121, n. 4, *in fine*; Brinz, *op. cit.*, t. I, p. 290; Girard, *op. cit.*, p 1001; Dernburg, *op. cit.* p 308; Gradenwitz, *Ältere und neuere formula arbitraria*, dans la *Zeitschrift der Savigny-Stiftung*, t. 21 (1903), pp. 238 – 251.

[1] Gradenwitz, *op. cit.*, pp. 240—241.

cussions en doctrine. Nous ne pouvons malheureuse-
ment fournir ici que les renseignements strictement
indispensables. Notons cependant que les constatations
purement négatives sont plus faciles à établir que les
reconstitutions. Comme le fait remarquer Cohn[1], la
formule n'était sûrement pas celle de la *condictio certæ
pecuniæ* avec un *officium judicis* plus étendu, car cet
officium avait plus ou moins d'importance suivant la
rédaction de la formule; notre formule devait donc
différer de celle de la *condictio* précisément parce que
l'*officium judicis* y jouait un plus grand rôle. On ne
saurait davantage préconiser une juxtaposition de la
condictio incerti et des expressions *ex fide bona* ou *nisi
restituat*, car Gaius nous apprend que „*itaque sicut
ipsa stipulatio concepta est, ita et intentio formulæ concipi
debet*"[2]. De très nombreux modèles ont été proposés[3].
Nous préférons la reconstitution de M. Gradenwitz à
celle de M. Lenel[4]), parce qu'elle intercale une *clausula*

---

[1] Cohn, *op. cit.*, pp. 126—127. Bartole avait même soutenu,
en se fondant sur un texte d'Ulpien (D., 5, 1, *de judic.*, 19, 4),
que l'action *de eo quod certo loco* faisait double emploi avec la
condictio; Cohn riposte avec raison que notre action conserve une
utilité distincte parce qu'elle a pour but de faire exécuter l'engagement à l'endroit où l'on intentait l'action, tandis que la *condictio* ne pouvait faire exécuter la condamnation qu'au *forum
solutionis*. V. p. 39.

[2] Gaius, IV, 53, d.

[3] Rudorff, *Edictum*, § 96: *Si paret N^m N^m A^o A^o X dare
oportere quanti arbitratu tuo alterutrius interfuerit eam pecuniam
Ephesi potius quam Romæ dari, tantam pecuniam*, etc. Cohn,
op. cit., p. 149: *Gajus judex esto. Si paret N^m N^m A^o A^o X
promisisse neque is Ephesi solverit, quanti ea res erit (arbitratu
tuo), tantam pecuniam condemna, si non paret absolve.* V. les
autres schémas dans Cohn, *op. cit.*, p. 149, n. 5.

[4] Lenel, *op. cit.*, t. I, p. 284: „*N^m N^m A^o A^o decem
aut si quid alterutrius interfuit eam pecuniam Ephesi potius quam
Romæ solvi, tanto pluris minorisve (arbitrio tuo?) c. s. n. p. a.*"
Cette conjecture est parfaitement soutenable, elle aussi. „Le mot
alterutrius, qui figure dans cette condemnatio, a pour effet de

arbitraria entre l'*intentio* et la *demonstratio* — chose que M. Lenel n'accepte que sous réserve — et parce que, dans sa forme définitive, elle ne mentionne dans la *condemnatio* que le seul intérêt du demandeur, celui du défendeur étant suffisamment protégé par l'*arbitrium*. L'ancienne formule, incomplète, aurait contenu à peu près ceci: „*Si paret N^m N^m A° A° Ephesi decem dare oportere neque N^s N^s A° A° arbitratu tuo satisfacere, condemna s. n. p. a.*" La nouvelle aurait eu en plus les mots „*et si quid actoris interfuit eam pecuniam Ephesi potius quam hic solvi*" remplaçant „*decem dare oportere.*"[1])

La principale différence qui distingue l'action *de eo quod certo loco* des autres actions arbitraires consistait en ce que le juge fixait lui-même le *quantum* de la condamnation et qu'il n'y avait donc plus de *jusjurandum in litem*[2]). De plus, le *judex* n'y condamnait pas le défendeur à une restitution ou à une exhibition, comme dans la plupart des cas, mais au paiement d'une somme d'argent[3]) ou à la constitution d'une caution[4]). Enfin, la condamnation ne s'y calculait pas d'après le *quanti ea res erit*, mais d'après *quanti interfuit*[5]).

---

laisser à l'appréciation (arbitrium) du juge le soin de décider l'intérêt de quelle partie il prendra en considération dans son æstimatio". M. Lenel remarque que „notre action, à elle seule, est plus souvent qualifiée d'arbitraria que toutes les autres actions arbitraires prises ensemble" et il émet l'idée que „cette qualification avait ici . . . un sens différent de son sens ordinaire", que l'action *de eo quod certo loco* n'aurait donc pas été *une* action arbitraire mais *l'*action arbitraire, ce qui expliquerait pourquoi elle diffère tellement des autres. Cf. p. 283.

[1]) Gradenwitz, *op. cit.*, p. 251. V. l'explication du D., 13, 4, *de eo quod certo loco*, 2, pr. et § 8, p. 249.

[2]) *Idem*, p. 245.

[3]) D., *h. t.*, 2, pr. et § 8; fr. 8 et 10.

[4]) D., *h. t.*, 4, 1.

[5]) C., 3, 18, *ubi conv. qui cert. loco dare promis.*, c. un. D., *h. t.*, 2, 8; fr. 8; 16, 2, *de compens.*, 15.

§ III.

Caractères.

On a dit que la liste des actions arbitraires constituait „un tableau disparate dont les traits et les
lacunes paraissent malaisés à expliquer par une idée.
logique commune . . . parce que nous avons là une
construction empirique faits par les préteurs successifs
sous le coup de besoins journaliers" [1]) et non un système
dû aux jurisconsultes. Aucun lien ne semble, en effet,
réunir les actions fort nombreuses dont le seul caractère
commun est de posséder une formule arbitraire, et qui
vont de l'action Fabienne à l'action *aquæ pluviæ arcendæ*,
en passant, afin de rendre le problème encore plus in-
soluble, par le groupe si varié des actions réeles s'intentant par formule pétitoire. On conviendra que, dans
de pareilles conditions, la recherche d'un critérium n'est
pas chose facile. Néanmoins la question a tenté les
auteurs, et ceux-là mêmes qui sont très sobres de renseignements sur tout ce qui concerne la formule arbitraire,
deviennent volontiers prolixes dès qu'ils abordent ce
sujet. Aussi, depuis le XVIIe siècle, une foule de
solutions ont-elles été proposées. Hâtons nous d'ajouter
que nous n'essayerons pas de les résumer, ainsi que l'a
fait Gimmerthal dans un compte-rendu d'ailleurs très
consciencieux,[2]) car une telle entreprise n'offrirait qu'un
intérêt purement rétrospectif. Comme, d'autre part, il
est presque impossible de procéder par ordre dans la
classification de tant d'opinions contradictoires, nous
estimons qu'il est préférable d'en dégager la tendance,
la pensée directrice, et de signaler dans quel sens

---

[1]) Girard, *Manuel*, p. 987. Cf. Cohn, *Die sogenannte actio
de eo quod certo loco* (1877): „ . . . eine gewohnheitsrechtliche
Bildung . . . mit prätorischem Charakter" (pp. 4 et 5).

[2]) Gimmerthal, *op. cit.*, § 3, pp. 9—14.

l'évolution des idées s'est faite. Ainsi qu'on le verra par la suite, on commença par considérer les actions arbitraires comme une ramification des actions de droit strict, pour finir, deux siècles plus tard, par les représenter, avec non moins de preuves à l'appui, et avec une tout aussi grande abondance de raisons décisives, comme une simple variété des actions de bonne foi.

Il n'apparaît pas qu'au début, on se soit fait une conception bien nette de ce qu'étaient, en droit romain, les *arbitrariæ actiones*. Examinant superficiellement les choses, les anciens interprètes avaient uniquement remarqué deux de leurs particularités: que le montant de la condamnation était fixé, au cas de *contumacia* du défendeur, par le *jusjurandum in litem* de l'autre partie; que la *condemnatio*, dans l'action de dol, était au quadruple et, dans l'action *de eo quod certo loco*, subordonnée à l'appréciation subjective du juge. Il n'en fallait pas plus pour qu'ils proclamassent que les actions arbitraires étaient des actions qui permettaient au juge de punir le défendeur plus sévèrement que de coutume et qui lui laissaient une grande latitude pour l'évaluation du chiffre de la *condemnatio*[1]). De là à déclarer qu'on se trouvait en présence d'une subdivision des actions *stricti juris* il n'y avait qu'un pas; c'est ce qu'avait fait Vinnius[2]). Cette doctrine subsista longtemps, avec de légères variantes toutefois: tantôt les *arbitrariæ actiones* étaient un phénomène engendré par le mécanisme de la condamnation,[3]) tantôt elles formaient une classe à caractères spéciaux, à la suite des actions de bonne foi et

---

[1]) Frommann, *De arbitrariarum actionum natura* (1683), suivi par Höpfner, *Theoretisch-Praktisches Kommentar über die Heineccischen Institutionen* (1783), § 1133.

[2]) Vinnius, *In IV libros Institutionum imperialium commentarius* (1664), ad § 31, de act., n. 6.

[3]) Duroi, *Archiv für die zivilistische Praxis*, t. VI, p. 407.

de droit strict.[1]) Plus tard, le droit naturel étant en vogue, on découvrit aux actions arbitraires un fondement insoupçonné d'équité et de justice; elles devinrent, bien entendu, une branche des *actiones bonæ fidei*[2]).

Savigny formula le premier une théorie vraiment scientifique, en mettant en relief le côté réipersécutoire de ces actions. Il plaça leur caractère fondamental dans le but qu'elles poursuivaient, et qui était invariablement, à son avis, l'obtention d'une restitution effective de la chose litigieuse. Pour savoir si une action est arbitraire il faut se demander si elle crée un nouvel état de choses ou si elle tend uniquement à replacer les parties dans leur situation antérieure. Ce n'est que dans ce cas, c'est à dire s'il s'agit d'une restitution en nature que le défendeur devra faire au demandeur, que l'action sera arbitraire. Pratiquement, la formule arbitraire avait dû être inventée pour vaincre l'obstination du défendeur récalcitrant qui avait pu jusqu'alors tenir impunément le demandeur en échec, en ne restituant pas la chose et en se laissant condamner, mais qui, depuis, devait certainement préférer restituer, plutôt que de payer la somme toujours exagérée de la condamnation.[3])

Partant d'un examen plus particulier de la formule en elle-même, Keller croyait que le trait original des actions arbitraires était la réunion, en une seule formule, du *judicium* et de la *pronuntiatio*, qui reconnaissaient l'existence du droit, ainsi que de l'*arbitrium*, qui fixait le genre de restitution qu'avait à fournir le défendeur

---

[1]) Tigerström, *De judicibus apud Romanos* (1826), p. 153 et ss.

[2]) Marezoll, *Zeitschrift für Zivilrecht und Prozeß*, t. X, p. 310. V. aussi les autres auteurs cités par Gimmerthal, *op. cit.* p. 10.

[3]) Savigny, *System* (1841), t. V, §§ 221—223, spécialement p. 123 et p. 128. Cf. Puchta, *Institutionen* (9e. éd. revue par Krüger, 1881), § 166, p. 500. Dernburg, *Pandekten* (7e. éd., 1902), t. I, § 133, pp. 307—308.

pour éviter la condamnation pécuniaire[1]). C'était aussi l'avis de Rudorff[2]).

Enfin, pour Bethmann-Hollweg, les actions arbitraires avaient été créées en vue de certains cas, jadis sanctionnés au moyen de la *judicis arbitrive postulatio,* et elle comprenaient toutes les actions qui, sans être de bonne foi, dépendaient cependant de l'équité du juge[3]).

Cette indécision à l'égard des actions arbitraires ne doit pas surprendre outre mesure, car leur économie, leur raison d'être, a plus d'une fois été discutée et l'on a soulevé de très graves objections contre le système tel qu'il semble avoir fonctionné chez les Romains. La critique de Brinz mérite tout particulièrement d'être citée, bien que sa conclusion ne diffère pas beaucoup, au fond, de celle de Savigny.

L'utilité des actions arbitraires, dit-il, se conçoit à deux points de vue: le demandeur y trouvait l'avantage de reconquérir sa chose, le défendeur celui d'échapper au *jusjurandum in litem.* Mais pourquoi n'admettait-on pas la même solution pour toutes les actions, y compris les *stricti juris,* chaque fois qu'il s'agissait d'une *repetitio* du demandeur? Pourquoi admettait-on, au contraire, le caractère arbitraire de l'action *de eo quod certo loco* où il est cependant impossible de parler d'une restitution en nature? A quoi bon *l'arbitrium,* se demande également M. Bekker, quand il était prouvé que la chose était détruite, et pourquoi ne pas supposer d'*arbitrium* dans les actions *pigneraticia directa, negotiorum gestorum directa, locati, de æstimato, pro socio, rei uxoriæ, ex empto,* dans toutes celles, en un mot, où il était constant que la prétention du demandeur portait princi-

---

[1]) Keller *op. cit.,* § 28, p. 137.

[2]) Rudorff, *Römische Rechtsgeschichte* (1859), t. II, § 42, pp. 153—154.

[3]) Bethmann Hollweg. *op cit.,* t. II, § 94, p. 289.

palement sur la chose et accessoirement seulement sur de l'argent liquide?[1])

Si l'on explique la nécessité des actions arbitraires, poursuit Brinz, par l'obligation pour le juge de transformer l'*incertum* de la demande en une somme certaine, en indiquant au *reus* la manière précise d'éviter la condamnation, en lui proposant de prester *cela* et non plus *quelque chose*—comme s'exprimait la formule—on peut se demander pour quelles raisons l'on n'indiquait pas aussi au défendeur, dans les *stricti juris incertæ actiones*, de quoi il était question, ainsi que le moyen qui lui permettrait de satisfaire le demandeur et d'éviter la condamnation. Le motif en est peut-être que toute condamnation avait pour fondement une dette et qu'il était impossible au juge de se baser sur une dette là où il n'y en avait pas encore. Le rôle du *judex*, contrairement à ce qui se passait dans les *condictiones*, où il s'agissait d'une simple novation, le forçait à déterminer la *condemnatio*. Ceci expliquerait pourquoi les *condictiones*, qui poursuivent toujours le recouvrement d'une dette, ne sont pas arbitraires et pourquoi les actions *in rem*, dont l'objet est le retransfert d'un droit réel (*petitio* et non pas *obligatio* ou *debitum*), le sont toutes. Le caractère distinctif des actions arbitraires serait donc l'exécution réele d'une restitution. C'est pour cela que, chaque fois que c'était possible, l'*arbitratus* était restitutoire, prescrivant la restitution de la chose en nature, et n'était pécuniaire que dans les cas assez rares où la restitution ne pouvait plus avoir lieu. Voilà la raison pour laquelle non seulement toutes les actions réeles, mais aussi les actions personelles susceptibles d'une „Realexecution" étaient des *arbitrariæ actiones*[2]).

[1]) B e k k e r, *Die Actionen des römischen Privatrechts*, t. II (1873), p, 140, n. 17.

[2]) B r i n z, *Lehrbuch der Pandekten* (2 e éd., 1887), t. I, § 87, pp. 285—292. — La question de la liste des actions arbitraires

Nous ne répondrons pas d'une façon détaillée aux critiques de Brinz, parce que nous avons indiqué précédemment quel était l'intérêt que présentait la formule arbitraire pour le demandeur aussi bien que pour le défendeur. En ce qui concerne la réflexion sur l'utilité qu'il y aurait eu d'étendre le caractère absolutoire des actions arbitraires à toutes les autres actions, nous remarquerons que les Sabiniens avaient de tout temps soutenu l'existence de la règle *„omnia judicia sunt absolutoria"*, que les Proculiens avaient eux-mêmes reconnu l'application de cet adage à l'égard des actions de bonne foi, et que les actions devinrent toutes absolutoires à

à souvent préoccupé les romanistes. Le texte fondamental est le § 31, t. 6, livre IV, des Institutes qui, après avoir décrit le mécanisme de la formule arbitraire, continue de la sorte: *„In his enim actionibus et ceteris similibus permittitur judici ex bono et æquo, secundum cujusque rei de qua actum est naturam, æstimare quemadmodum actori satisfieri oporteat"*. Les uns invoquent les mots *„in his actionibus et ceteris similibus"* pour étendre ceci d'une façon très large (Cf. Salanson, *op. cit.*, p. 9). M. Bekker dit qu'un incident purement fortuit, la nouvelle lecture du manuscrit de Gaius, ayant prouvé le caractère arbitraire de l'action *depositi in jus*, il ne faut pas attendre le déchiffrage d'autres palimpsestes pour refuser jusqu'alors de considérer comme arbitraires des actions qui n'ont que le défaut de ne pas être expressément mentionnées par les textes, mais qui possèdent absolument tous les traits distinctifs des *arbitrariæ actiones*. Si la découverte de Huschke permet de compter parmi celles-ci non seulement l'action *depositi in jus*, mais sa voisine, l'action *mandati* (Cf. Rudorff, *Edictum*, § 12), pourquoi ne pas y ajouter les actions *pigneraticia directa, negotiorum gestorum directa, locati, de æstimato, pro socio, rei uxoriæ, ex empto*, qui présentent toutes une similitude frappante? Dans l'action *ex empto*, qui paraît la plus difficile à assimiler, le juge ne devait-il pas rechercher le résultat exprimé par les mots *mercem deberi*, indiquer ce but aux parties, absoudre en principe le défendeur s'il répondait à l'action par une prestation de la marchandise, le condamner s'il ne prestait pas? (V. Bekker, *op. cit.*, t. II. p. 140, n. 17). Il y a beaucoup d'erreurs dans ce raisonnement; nous y avons répondu d'avance dans notre § II. *„Une action n'est pas arbitraire, dit M. Girard, parce que le*

l'époque de Justinien, où la formule arbitraire ne présentait plus guère d'intérêt que pour les obligations de faire [1]).

À quoi bon *l'arbitrium*, se demande M. Bekker, quand il est certain que l'objet a péri? Nous avons déjà expliqué que le juge, s'il avait connaissance de ce fait, ne rendait pas *d'arbitrium;* la destruction de la chose postérieure à *l'arbitrium* empêchait certes le défendeur de se faire absoudre, en dépit de sa bonne volonté, mais il est bon de rappeler que, si cette perte avait eu lieu sans son dol ou sans sa faute, la condamnation du juge en tenait compte et était très légère.

Quant à la conclusion que le but et le caractère de la formule arbitraire étaient de sanctionner une *restitutio*, nous ne pouvons l'admettre, car, ainsi qu'on l'a vu, il y avait des actions arbitraires qui poursuivaient une simple exhibition, une dation, un paiement, une constitution de caution. On répliquera que le paiement et le cautionnement doivent être exclus parce qu'il ne se rencontrent que dans l'hypothèse de l'action *de eo quod certo loco*, fort différente des autres actions arbi-

---

défendeur y évite la condamnation en s'exécutant au cours de l'instance . . . ni même parce que le juge prescrit au défendeur de faire quelque chose avant de l'absoudre" (V. Girard, *op. cit.* p. 986, n. 4; Brinz, *op. cit.*, t. I, p. 288). Si cela suffisait, on serait forcé d'englober dans la catégorie des actions arbitraires presque toutes les actions du droit romain. — La thèse contraire, que nous croyons plus exacte, fait observer que l'expression *„et ceteris similibus"* du § 31 des Institutes ne permettait de conférer la caractère arbitraire qu'aux actions citées comme telles par les textes (Girard, *op. cit.*, p. 987, n. 1 *in fine*) ou aux ations qui ressemblent de tous points à celles pour lesquelles il n'y pas de doute (Gimmerthal, *op. cit.*, p. 32). M. Lenel semble également être de cet avis (*Edit.* t. I, p. 200); il n'admet pas p. ex. de formule arbitraire pour les servitudes urbaines (*op cit.*, t. I, pp. 219—220).

[1]) V. Girard, *op. cit.*, p. 986, n. 4. Salanson, *op. cit.*, p. 56 et p. 61.

traires, et que l'exhibition, suite de l'action *ad exhibendum*, n'était que le prélude d'une restitution.

Nous ne reviendrons pas sur l'action *de eo quod certo loco*. Elle diffère beaucoup assurément des autres actions arbitraires, mais elle fait quand même partie de ce groupe et l'on ne peut, en donnant une définition complète, passer outre sur celle-ci. Il est vrai que les partisans de l'opinion que nous combattons se sont ménagé une échappatoire: le paiement, disent-ils, est bien la conséquence de la formule arbitraire lorsque la restitution n'est plus possible. Est-il besoin de faire remarquer que, dans l'action *de eo quod certo loco*, le paiement ne joue nullement ce rôle supplétif, qu'il n'est pas un résultat accepté faute de mieux, mais le but unique et direct de l'action?

Pour ce qui est de l'exhibition, il est parfaitement exact qu'elle servait à préparer et à assurer le succès de la *rei vindicatio* et de sa conséquence, la *restitutio*. Mais si telle était sa fonction pratique, on peut imaginer des hypothèses où il n'en soit plus de même. On peut supposer, en effet, que le demandeur, après avoir intenté l'action *ad exhibendum*, tombe d'accord avec le défendeur pour mettre fin au procès moyennant un arrangement quelconque autre qu'une restitution [1]). On peut supposer aussi que le défendeur, usucapant la propriété de l'objet, en rende la revendication impossible; en ce cas, il peut impunément exhiber la chose, tout

---

[1]) On objectera peut-être que le demandeur pouvait, dans toutes les actions arbitraires, s'entendre avec le défendeur pour faire finir le litige autrement que par une *restitution*, qu'il serait donc possible de dire de chaque action arbitraire qu'elle pouvait ne pas aboutir à une restitution. Les parties pouvaient naturellement convenir, avant que la *lis* ne fut *inchoata*, de trancher leur différend d'une manière autre que ne l'indiquait l'*actio*, mais, en ce faisant, on éteignait pour ainsi dire l'action, on l'empêchait d'atteindre son but, tandis que, dans notre cas, l'arrangement se conclut après l'effet plein et entier de l'action *ad exhibendum*.

en se refusant à la rendre. Dans ces deux exemples, l'utilité et le domaine de l'action *ad exhibendum* apparaissent isolés, distincts. Son but était de s'assurer uniquement de l'existence d'un objet chez un tiers et d'en faciliter, le cas échéant, la revendication éventuelle mais non pas nécessaire. Il y avait donc des hypothèses où l'action arbitraire *ad exhibendum* aboutissait à son résultat normal qui était simplement de provoquer la présentation de la chose, sans plus, sans précéder une restitution.

On se rappelle que les textes mentionnent encore un autre objet visé parfois par la formule arbitraire: l'abandon noxal, fait à un héritier, de l'esclave auteur d'un délit commis contre le *de cujus*[1]). Ici non plus, croyons-nous, l'on ne peut parler d'une restitution car, loin de réclamer le retransfert d'une chose qui lui avait appartenu, le plaignant y demande la cession d'un esclave appartenant à autrui. Puisque la formule arbitraire servait donc aussi bien à assurer un paiement, un cautionnement, une exhibition, un abandon noxal, qu'à sanctionner une restitution, on peut dire qu'elle tendait à une *datio*, mais non exclusivement à une *restitutio*.

Ces quelques points du problème que nous venons d'éffleurer démontrent la difficulté qu'on éprouve à dégager et à fixer les caractères si complexes de la formule arbitraire. Avant de conclure, nous exposerons l'opinion de Gimmerthal, l'une des plus originales qui ait été émise sur la question. Suivant cet auteur, il faut premièrement s'entendre sur l'étymologie des mots *arbitraria, arbitrium, arbitratus*. Une chose absolument certaine, c'est qu'il y avait une profonde différence entre l'*arbitrium* et le *judicium*. Cicéron le dit clairement: „*Quid est in judicium? Derectum, asperum,*

---

[1]) D., 42, 1, *de re jud.*, 6, 1; 5, 3, *de hered. pet.*, 20, 5.

simplex: **Si paret H S I Ɔ Ɔ Ɔ dari.** *Hic nisi planum facit* *H S I Ɔ Ɔ Ɔ ad libellam sibi deberi, causam perdit. Quid est in arbitrio? Mite, moderatum:* **quantum æquius et melius sit dari** "[1]). Sénèque n'est pas moins affirmatif[2]). De cet *arbitrium*, l'action, la formule arbitraire, se rapprochaient beaucoup. Au sens strict, on entendait par *arbitria* les actions qui possédaient une formule à *intentio incerta*. Au sens large, l'on nommait *arbitria* les actions ou sentences dans lesquelles la condamnation n'était envisagée que d'une façon purement éventuelle. On peut citer parmi ces *arbitria* les *prœjudicia*, les *arbitrariæ actiones*, les actions de propriété. On y joindra les actions de bonne foi, car celles-ci sont tantôt désignées sous le nom de *judicia* et tantôt sous celui d'*arbitria*, selon qu'on y envisageait leur *intentio incerta* ou leur *condemnatio*[3]). Les *arbitrariæ actiones* étaient des arbitria à caractères un peu spéciaux. Elles pouvaient finir de deux manières: par une sentence relative au droit sur la chose et à l'obligation de restituer, ou bien par une condamnation. Ces deux possibilités formaient en quelque sorte deux jugements successifs. Le premier n'était pas exécutable, mais influençait néaumoins la condamnation, en ce sens que le sort du procès dépendait du prononcé de l'*arbitrium in restituenda re*. C'est ce que les Institutes (4, 6, 31) veulent dire par leur fameuse définition: „ . . . *actiones arbitrarias id est ex arbitrio judicis pendentes*"[4]).

Les actions arbitraires supposent toujours, selon Gimmerthal, un conflit entre un *jus in re* (*alienam*) ou

---

[1]) Cicéron, *Pro Roscio Comoedo*, 4, 11.

[2]) Sénèque, *De benefic.* 3, 7.

[3]) Cicéron, *Topiques*, ch. 17; *De officiis*, 3, 15. — Sur les différences qui séparent les *condemnationes* et les *arbitria* Gimmerthal cite Paul, D., 4, 3, *de dolo m.*, 18, 1, et Ulpien, D., 4, 2, *q. met. causa g. e.*, 14, 5.

[4]) Gimmerthal, *op. cit.*, pp. 15—22.

un *jus ad rem* et le droit de propriété quiritaire. La
sentence, rendue *ex æquo* par le juge, cherche à mettre
fin à cette rivalité en imposant un paiement pécuniaire
à celui des adversaires dont le droit était le plus faible.
Différentes considérations entraient en ligne de compte:
la nature des rapports juridiques qui existaient entre
les parties, la valeur vénale de la *res litigiosa*, l'évaluation de ses fruits et de l'*omnis causa*, etc. Les actions
arbitraires sont donc celles, prétoriennes, *in personam*
ou *in rem*, dont le but est d'arriver à un *dare* ou *restituere* d'une chose corporelle (jamais à l'obtention d'un
droit), où, contre le droit limité du défendeur s'élève
le droit de propriété du demandeur, et où la prestation
en nature qui incombe au *reus*, à la suite de la *pronuntiatio arbitrii*, barre le chemin à la *condemnatio*. Le caractère de la formule arbitraire est, par conséquent, de
tenter un accommodement dans la lutte que se livrent
à propos de la même chose les détenteurs de droits
réels d'inégale importance, droit absolu et droit relatif[1]).

Cet essai de simplification est fort habilement construit,
mais il ne résiste pas plus que les autres à une analyse impartiale. Il présente d'abord la condamnation
pécuniaire comme but principal de l'action, ce qui n'est
rien moins que prouvé. Il aboutit ensuite à une conclusion tellement générale qu'il y a bien peu d'actions
auxquelles on ne puisse l'appliquer. Dans l'hypothèse
de la *condictio*, action de droit strict qu'on ne manque
jamais d'opposer à l'action arbitraire, n'y a-t-il pas
toujours un conflit entre le droit de l'ancien propriétaire
de la chose prêtée et celui du nouveau propriétaire?
À la vérité, Gimmerthal prend soin d'ajouter que ce
conflit n'avait lieu qu'à propos d'une chose corporelle,
ce qui ne permettrait pas d'étendre sa définition à la
condictio incerti, ni à la *condictio certæ pecuniæ*, qui ne

---

[1]) *Ibid*, pp. 30—34.

tendaient qu'à l'exécution d'un fait ou à la restitution
d'une somme d'argent, mais il y a encore la *condictio
triticaria*, servant à réclamer la *chose* prêtée. À l'inverse, quel conflit de droits y avait-il au cas d'un propriétaire réclamant sa chose à une personne qui se l'est
procurée et la détient d'une façon qui l'empêche d'en
acquérir la possession?

De plus, Gimmerthal commet l'erreur, commune aux
romanistes de son époque, de ne considérer comme
arbitraires que les actions réeles prétoriennes, en interprétant faussement la célèbre énumération des Institutes
qui ne mentionne pas, en effet, les actions réeles
civiles. On a depuis longtemps fait justice de cette
opinion, en expliquant que l'insuffisance de la liste des
Institutes tenait à ce que ses auteurs avaient copié un
ouvrage ancien où, probablement, les actions réeles prétoriennes étaient citées de préférence aux civiles, parce
qu'elles étaient toutes arbitraires, tandis que les civiles
ne l'étaient que si on les intentait *per formulam petitoriam*, et qu'ils avaient négligé de citer cette formule
pétitoire, tombée de leur temps en désuétude. M. Lenel
qui avait, autrefois, également été de l'avis de Gimmerthal[1]), a reconnu depuis avec une franchise qui l'honore
qu'il s'était trompé, ce en quoi il était du reste excu-
sable, car il avait été amené à baser sa conviction sur
l'idée que les actions arbitraires n'étaient pas très nombreuses, ce qui est fort exact[2]). C'est pour cela que,
malgré les efforts de Gimmerthal, d'écarter les textes
gênants[3]) et de trouver de nombreuses différences entre
les actions arbitraires et les *vindicationes*[4]), nous avons
admis le caractère arbitraire de la revendication et de
la pétition d'hérédité.

---

1) Lenel, *Beiträge*, p. 89 et ss.
2) Lenel, *Edit*, t. I, pp. 199—200.
3) Gimmerthal, *op. cit.*, pp. 7, 17, 50.
4) Ibidem, pp. 17—18.

On a pu constater que tout ce qui a été dit sur les caractères de la formule arbitraire est plus ou moins erroné, parce que les auteurs des différents systèmes ont trop voulu généraliser, englober en une définition unique, les particularités de la formule et des actions arbitraires. Nous ne prétendons pas, bien entendu, réussir là où tous ont échoué. Nous devons cependant aux tentatives qui ont été faites la possibilité de ne pas commettre à nouveau les fautes qui ont déjà été commises; nous ne proposerons donc pas de définition, ni de critérium. Les caractères de la formule arbitraires dépendent, croyons-nous, de l'action qu'elle sanctionne. L'une visait une restitution, l'autre une exhibition, la troisième un paiement, etc. Cette diversité avait son contre-coup dans la rédaction de la formule qui, on l'a vu, employait, selon les cas, les mots *restituere*, *exhiberi*, *solvere*. C'est ce motif qui nous a fait adopter le terme de „satisfaction", qui s'applique à toutes les hypothèses. Quant au mécanisme de la formule, c'est ce qu'on peut le mieux généraliser: le juge invitait le défendeur, dans cette procédure, à effectuer telle prestation qui lui semblait juste et lui promettait, en retour, l'absolution; au cas de refus, il le condamnait. Qu'on ne s'y trompe pas; ceci ne résume pas non plus les caractères spéciaux des actions arbitraires, car le juge pouvait, dans d'autres actions aussi, prescrire au défendeur un fait dont dépendait l'absolution. Il faut cependant convenir que cette faculté accordée au défendeur prenait une importance particulière dans la *formula arbitraria*. La *clausula arbitraria* constitue donc un indice nullement infaillible, mais assez probant du caractère arbitraire d'une action. De sorte que s'il est impossible de définir exactement le caractère commun des *arbitrariæ actiones* et si l'on est obligé de ne considérer comme telles que les actions formellement mentionnées pas les textes, on peut du moins dire que la *formule arbitraria* possédait, réunis, tous les caractères suivants, quitte parfois à y ajouter ou à y déroger: 1) clause arbitraire; 2) satisfaction équitable arbitrée par le juge en vue de contenter le demandeur, tout en évitant au défendeur une condamnation pécuniaire et, dans quelques cas, certaines conséquences aggravantes; 3) faculté pour le défendeur de l'exécuter ou de n'en pas tenir compte; 4) Absolution ou condamnation à une somme d'argent, le plus souvent fixée par le serment du demandeur.

Table des matières.

	Pages
Introduction	7
Origine	8
Formule	38
Caractères	63